宋代 理氣論의 물리학적 탐구

宋代 理氣論의
물리학적 탐구

심규하 지음

KSI 한국학술정보㈜

目　次

I

緒　論

1. 問題提起

오늘날 인간은 실로 '물질적 풍요 속 정신적 빈곤'이라는 불균형의 수렁에 **빠져** 있다. 나날이 발전하는 물질문명의 발달에 비하여 정신문명은 극도로 황폐화되어 가고 있기 때문이다. 단세포적이고 말초적으로 변해 가는 인간의 사유구조는 보편적이고 근원적인 가치를 망각한 채, 물질적 가치에 매몰되어 스스로를 육체적으로 고립된 존재로 전락시키기에 이르렀다. 인간사회는 점차 욕심을 채우는 각축장으로 변모하여 오로지 육체적 생존경쟁에만 몰두하고 있으며, 그에 따른 분열과 대립의 악순환 속에서 서로를 위협하는 처절한 물질만능사회가 되어 버렸다. 보이는 것, 감각적인 것만이 인간세상의 전부가 되어버린 것이다.

그러나 과연 이러한 삶이 인간의 온전한 모습이라고 할 수 있는가? 이것은 전체와 개체가 有機的으로 조화를 이루면서 끊임없이 생명력을 유지하고 있는 거대한 자연의 모습과는 너무도 동떨어져 있다. 자연의 경쟁은 전체적인 조화를 이루는 방향으로 진행되지만, 인간의 경쟁은 자신의 이익만을 추구하다가 결국은 전체적인 조화를 무너트리는 방향으로 흘러가고 있다. 인간이 인간 본연의 모습을 잃어 간다는 것은 대자연의 틀 속에서 다른 만물들과 함께 살아갈 자격을 박탈당하는 결과를 낳게 되는 것이다.

인간이 자연의 모습에서 벗어나 그 온전함을 상실하는 이유는 세상을 바라보는 제대로 된 '앎'이 부족하기 때문이다. 단편적인 지식의 기반 위에서 時流에 요동치는 천박한 앎으로는 인간의 진정한 삶을 담보할 수 없다. 진정한 '앎'이란 진정한 배움을 통해서 생겨나는 것인데, 이 배움의 길을 열어주는 것이 바로 '學問'이다. 학문은 '모르는 것을 배우고 의심나는 것을 물어 알아가는' 인간의 모든 행위를 의미한다. 따라서 학문이란 '앎'을 위한 별도의 행위가 아니라 삶의 과정에서 배우고 물어 알아가는 모든 과정인 것이다.

그런데 이처럼 포괄적인 학문의 의미는 차츰 축소되어 갔다. 급속한 문명의 발달은 인간사회를 갈수록 복잡하고 다양한 형태로 변화시켰고, 앎의 대상 또한 기하급수적으로 늘어나게 된 것이다. 인간은 다양하게 늘어나는 학문적 대상만큼이나 많은 다양한 학문체계를 마련하게 되었고, 그에 따라 학문은 보다 세분화·다양화되면서 학습이나 교육의 대상으로서 자리매김하기에 이르렀다. 그리하여 많은 학문 분야가 생겨났으며, 나름의 의미 있는 결실을 맺게 되었다.

그러나 이러한 학문의 다양화와 학문탐구의 심화는 점차 인간의 삶과는 괴리된 학문만을 위한 학문으로 전락하였고, 학문의 주체로서 학문의 참가치를 창출해야 할 인간은 그 가치와 역할을 망각한 채 오히려 방대한 학문의 틀에 매몰되어 버렸다. 학문은 더 이상 인간의 삶을 위한 수단이 아니라 생존경쟁을 위한 '지식 쌓기'의 수단이 되어 학문 본연의 생명력을 잃어 가고 있다. 이러한 학문은 인간의 진정한 '앎'의 문제, 더 나아가 보편적이고 근원적인 가치문제에 대하여 어떠한 실마리도 제공할 수 없다. 이제 학문의 본연을 찾아 새로운 생명력을 불어넣어야 한다. 천지우주와 하나 된 인간의 참가치를 찾아야 하는 것이다.

이에 본 논문은 유교철학의 理氣論과 자연과학의 物理學을 연계함으로 해서 천지우주에 담겨 있는 보편적 본질의 가치문제에 대하여 현대적으로 접근해 보고자 한다. 이들 두 학문이 학문방법과 사유체계에 있어서는 상당한 차이가 있지만, 겉으로 드러난 세계에 머물지 않고 보다 심오한 세계에 대한 연구를 통하여 보편적이고 근원적인 가치를 창출하려는 입장에 있어서는 대단히 유사한 측면이 있다. 따라서 성리학의 주관적인 깨달음의 방법과 물리학의 객관적인 실증방법이 합쳐짐으로 해서 실로 주관과 객관이 한데 어우러진 진리탐구의 장이 마련될 수 있을 것이다.

孔子와 孟子는 인간의 선한 本性에 대한 믿음을 바탕으로 '마음공부'를 강조함으로 해서 天人合一과 萬物一體라는 인간과 자연의 조화로운 삶의 가치를 깨닫도록 하였다. 이러한 학문방법은 그대로 宋代의 유학자들에게 전승되었고, 萬物 體思想에 대한 보나 구체적인 철학체계를 완성함으로 해서 인간의 본성과 우주의 이치를 하나로 잇는 성리학을 꽃피우게 되었다. 성리학의 핵심인 이기론은 천지만물을 하나로 아우르는 보편적이고 근원적인 가치를 理와 氣라는 두 개념으로 압축하여 설명하고 있다.

물리학은 인류가 자연에 관심을 갖기 시작하면서부터 생겨난 학문영역이다. 그 영문인 'physics'라는 말은 원래 그리스어에서 유래한 것으로, '모든 사물의 본질을 보고자 하는 노력'을 뜻하는 것이다. 사물의 궁극적 본질, 자연의 끊임없는 변화 등의 문제에 대한 인간의 궁금증은 인류의 진화와 함께 점차 증속되어 갔다. 이러한 욕망은 종교와 철학의 관념적이고 추상적인 방법에 의해서도 연구되었지만, 물리학의 자연현상에 대한 끈질긴 관찰과 실험이라는 구체적인 실증방법에 의해서도 괄목할 만한 발전을 이루었다.

이기론과 물리학은 보편적이고 근원적인 이치와 궁극적인 실체에 대한 인간의 끊임없는 욕구를 충족시키고자 하는 동일한 목표를 가지고 있다. 그리하여 마침내 이들은 천지우주가 거대한 하나의 유기체이며, 그 속에서 만물은 본질적으로 일체라는 것을 발견하게 되었다. 다만 이기론은 천지만물의 거대한 틀 속에서 인간의 삶과 근원적 가치문제를 내면적 통찰과 주관적 깨달음을 통하여 인간의 본성과 우주의 이치가 동일하다는 性理의 입장을 강조하는 데 반하여, 물리학은 우주자연의 현상들과 물질의 궁극적 본질의 문제를 외향적 통찰과 객관적 실증을 통하여 모든 존재는 궁극적으로 에너지의 변형이라는 物理의 입장을 강조하는 데에 차이가 있다고 하겠다.

송대 이기론에 대한 물리학적 탐구는 이기론을 우위에 놓고서 물리학적 이론을 이용하려는 것이 아니라, 이기론의 철학적 難題인 객관화의 문제를 물리학을 통하여 보완함으로 해서 보편적 진리와 인간의 가치에 대한 주관과 객관, 자각과 실증이 조화를 이루는 보다 설득력 있는 철학적 기반을 마련하고자 함이다. 물리학은 바로 유학의 학문방법인 格物致知[1]의 표본이라 할 수 있는 것이다.

---

1) 『大學』「經1章」: 古之欲明明德於天下者先治其國, 欲治其國者先齊其家, 欲齊其家者先修其身, 欲修其身者先正其心, 欲正其心者先誠其意, 欲誠其意者先致其知, 致知在格物[옛날, 천하에 밝은 덕을 밝히고자 하는 자는 먼저 그 나라를 다스렸고, 그 나라를 다스리고자 하는 자는 먼저 그 가문을 가지런히 하였으며, 그 가문을 가지런히 하고자 하는 자는 먼저 그 자신을 닦았다. 그 자신을 닦고자 하는 자는 먼저 그 마음을 바르게 하였고, 그 마음을 바르게 하고자 하는 자는 먼저 그 뜻을 성실히 하였으며, 그 뜻을 성실히 하고자 하는 자는 먼저 그 앎을 극진히 하였으니, 앎을 극진히 하는 것은 物에 이르는 데에 있다]. - 格物致知는 8조목 가운데 하나로서, '物에 이르러 앎을 극진히 한다.'는 말이다. 만물의 理는 나의 理[性]와 동일하다. 인식 주체로서 마음의 理와 인식객체로서

따라서 우주만물이 하나의 거대한 有機體라는 유학의 만물일체사상은 물리학적 탐구를 통한 객관적 실증이 가미됨으로 해서 현대적인 새로운 접근이 가능할 수 있다. 이를 통하여 理와 氣의 관계를 좀 더 구체적으로 재조명함으로 해서 우주만물이 形而上下의 구분을 뛰어넘어 하나로 혼융하는 명실상부한 만물일체사상의 완성을 기대할 수 있을 것이다.

2. 研究方法

본 연구는 송대 이기론에 대한 물리학적 탐구를 통하여 학문이 추구해야 할 본질의 가치문제를 알아보고자 한다. 물질만능주의에 매몰되어 있는 인간사회에서 참인간의 가치와 보편적이고 근원적인 진리의 문제는 지식인들이 제시해야 할 시급한 과제이다. 따라서 근원적 이치와 일원적 실체의 가치추구라는 측면에서 나름의 공통점을 가지고 있는 동양철학과 과학의 연계를 통한 만물일체사상 연구는 물질과 정신, 형이상과 형이하, 나와 남 등의 괴리 속에서 갈피를 잡지 못하고 있는 현대인들에게 '조화'라는 참가치를 제시해 줄 것이다.

太極論에서 시작된 성리학적 세계관은 천지만물을 하나로 아우르

사물의 理가 상응하고 있으므로 인간은 외부의 사물을 인식할 수 있는 것이다. 하지만 내 마음속에 內在되어 있는 理를 직접 확인할 수는 없다. 이것을 확인하는 방법은 객관적인 사물에 나아가 理를 궁구하여 제대로 인식함으로 해서 동일한 나의 理를 유추하는 것이다. 이것이 바로 성리학의 객관적 학문방법인 격물치지이다.

는 보편적이고 근원적인 가치를 理와 氣라는 두 개념으로 압축한 이기론에 의해 만물일체사상의 철학적 기반을 확고히 할 수 있었다. 그리고 아리스토텔레스에 의해 체계를 갖추기 시작한 물리학은 유구한 세월을 거치면서 많은 법칙과 이론을 정립하였고, 이를 기반으로 해서 모든 존재와 변화의 일원적 실체가 '에너지'라는 사실을 발견함으로 해서 우주만물의 일체성을 드러내 주었다.

따라서 송대 이기론의 물리학적 탐구는 철학적 관념론에게 과학적 근거를 제공함으로 해서 주관과 객관의 조화라는 상승효과를 기대할 수 있다. 더욱이 자아성찰과 깨달음을 통해 얻어진 만물일체사상이라는 보편적 가치문제는 단순히 유학자들의 당위성 문제에만 머무르는 것이 아니라 객관적 실증의 정당성을 확보할 수 있는 것이다.

본 연구는 전체 7장으로 구성되어 있는데, 크게 서론[Ⅰ장], 본론[Ⅱ~Ⅵ장], 결론[Ⅶ장]으로 나누어져 있다.

제Ⅰ장은 서론으로, 본 논문에 대한 문제제기와 연구방법에 대하여 논하였다.

본론은 Ⅱ장에서 Ⅵ장까지 총 5장으로 구성되어 있다.

제Ⅱ장은 본론의 시작으로, 宋代 성리학의 이기론에 대한 물리학적 탐구를 시도하기에 앞서 두 학문 간의 상관성에 대하여 알아본다.

첫째, 이기론의 氣와 理의 관계구조와 물리학의 에너지와 原理의 관계구조를 통하여 두 학문에 있어서 현상과 본질의 문제를 고찰해 본다.

둘째, 주관적·관념적 사유체계의 이기론과 객관적·구체적 실증방법의 물리학이라는 다소 무관해 보이는 두 학문에 있어서의 연계 필요성을 고찰해 본다.

셋째, 儒學의 철학적 사유의 근간인 만물일체사상을 물리학의 객관적 실증에 의해 규명해 놓은 법칙과 이론을 통하여 객관적으로 실증해 본다.

제Ⅲ장은 周濂溪의 太極論에 나타난 우주만물의 생성과정과 물리학의 빅뱅說에 나타난 우주만물의 생성과정을 비교해 본다.

첫째, 『周易』에 나타난 太極을 바탕으로 천지우주의 근원과 만물의 생성과정을 논한 주렴계의 태극론이 가지는 철학적 가치에 대하여 고찰해 본다.

둘째, 과학기술의 발달과 함께 성장한 우주과학에 있어서 여러 우주기원설 가운데 빅뱅설이 가지는 과학적 가치에 대하여 고찰해 본다.

셋째, 태극론과 빅뱅설의 생성과정 비교를 통하여 우주생성에 관한 一元的 同質性을 제시하고자 한다.

제Ⅳ장은 張橫渠의 氣一元論에 대하여 物理學的으로 探究해 본다.

첫째, 구체적 현상세계의 일원적 실체인 氣의 존재 양태를 소립자, 원자, 원소 등 모든 물질의 동질적 기본요소인 에너지를 통하여 고찰해 본다.

둘째, 氣의 聚散작용인 陰陽이라는 力動性을 에너지의 취산작용인 고유 운동성과 기본적 상호작용을 통하여 고찰해 본다.

셋째, 氣의 취산작용에 의한 氣와 萬物의 순환구조를 에너지와 물질의 순환구조를 통하여 고찰해 본다.

제Ⅴ장은 朱晦庵의 理氣二元論에 대하여 물리학적으로 탐구해 본다.

첫째, 이기론에서 말하는 천지우주의 근원적 이치인 理의 의미를 알아보고, 형이상의 이치에 대한 물리학의 객관적 실증의 한계를 지적함과 아울러 이론과 법칙의 종합적 고찰을 통해 原理를 유추해 보고자 한다.

둘째, 현상과 본질의 관계에 대한 氣와 理의 관계구조를 에너지와 原理의 관계구조로써 고찰해 본다.

셋째, 구체적 현상에 나타나는 同質性과 多樣性의 문제에 대한 氣의 同異문제를 에너지의 동질성과 다양성을 통하여 고찰해 본다.

제VI장은 이기론의 물리학적 탐구를 통하여 만물일체사상을 새롭게 再照明해 보고자 한다.

첫째, 理와 氣는 언제나 所以然과 所然의 1 : 1 대응관계라는 理一分殊와 氣一分殊의 待對문제와 그에 따른 理氣一元論의 문제를 제기해 보고자 한다.

둘째, 이기론의 물리학적 탐구를 통한 性理와 物理의 조화, 진리의 진정한 의미를 고찰함으로 해서 정신과 물질, 형이상과 형이하의 가치가 하나의 틀 안에서 공존하는 온전한 만물일체의 모습을 모색해 보고자 한다.

셋째, 만물일체사상에 근거하여 理뿐만 아니라, 氣에 있어서의 보편성에 대하여 고찰해 보고, 아울러 인간에게 무엇보다 절실한 문제인 인간의 가치문제에 대하여 再考해 보고자 한다.

제VII장은 결론으로, 본문의 내용을 간단히 정리하면서 연구를 마치고자 한다.

Ⅱ

理氣論과 物理學의 相關性

1. 現象과 本質의 問題

1) 氣와 理

理氣論은 보편적이고 근원적인 理致 또는 實體를 연구하는 성리학의 이론체계로서, 유구한 유교철학의 사상 속에서 그 연원을 찾을 수 있다. 유학에 있어서 보편과 근원이라는 사유의 정점에는 '天' 개념이 있다. 天은 땅의 상대 개념뿐만 아니라 천지자연을 아우르는 근원적 존재원리, 자연의 섭리로서 우주의 변화와 만물의 생멸을 가능하게 하는 보편적 이치를 의미한다.

孔子는 "하늘이 나에게 덕을 생겨나게 하였다[天生德於予]."[1]라고 하여 인간의 德을 天에 연원하여 天과 人을 하나로 연결시켰다. 『中庸』에는 "하늘이 명한 것을 일러 성이라 한다[天命之謂性]."라고 하여 하늘이 만물에게 각자의 삶을 살아가도록 명한 것을 '살려는 의지' 또는 '원초적인 생명력'인 性이라 하여 인간으로서의 당위성을 天에 결부시켰다. 이것은 바로 天과 인간이 하나로 합치하는 天人合

---

1) 『論語』「述而」: 子曰 天生德於予, 桓魋其如予何[공자가 말하였다. "하늘이 나에게 덕을 생겨나게 하였으니, 환퇴가 나를 어찌 하겠는가?"] ‑ 德이라는 것은 하늘로부터 부여받은 원초적인 능력이다. 숨쉬기, 소화작용, 혈액순환 등의 육체적인 능력도 있지만, 사랑, 배려, 시비판단, 당당함 등의 정신적인 능력도 있다. 여기서는 후자에 초점을 맞추고 있는 것이다. 공자는 天理를 깨달아 그에 맞는 당당한 삶을 살고 있으므로, 당시 危害를 가하려던 환퇴라는 자에 대하여 초연함을 발휘할 수 있었다. 이것은 공자 사상의 저변에 있는 천인합일사상을 나타내고 있는 대목이다.

一思想인 것이다.

이러한 天人관계의 매개체인 性은 孟子에 이르러 性善論으로 확립되었고, 이러한 사상이 확대되면서 만물일체사상이 구체화되었다. 마음에서 자각된 나의 性은 바로 天을 근원하고 있으므로 마음을 다해 性을 체득하여 각자의 本性대로 살아가는 것이 가장 善한 하늘의 모습이라는 것이다.[2] 그리고 만물에는 모두 나와 똑같은 하늘의 모습이 부여되어 있으므로 '만물과 나'의 관계, 더 나아가 '우주와 나'의 관계는 전체와 개체, 大我와 小我로서 조화를 이루는 만물일체의 관계라 하였다.[3] 유학의 철학적 고찰은 天 개념에서 시작하

---

2) 『孟子』「盡心上」: 孟子曰 盡其心者, 知其性也, 知其性則知天矣. 存其心, 養其性, 所以事天也. 夭壽不貳, 修身以俟之, 所以立命也[孟子가 말하였다. "그 마음을 다하는 자는 그 性을 아니, 그 性을 알면 하늘을 알게 된다. 그 마음을 보존하여 그 性을 기르는 것은 하늘을 섬기는 근거가 된다. 요절하는 것과 장수하는 것은 다르지 않으니, 몸을 닦아 天命을 기다리는 것이 天命을 확립하는 수단이 된다."] — 마음을 극진히 함으로써 性이 인간 누구에게나 작용하는 선천적 작용성임을 알고, 性의 내용인 仁義禮智가 인간으로 하여금 영원한 삶을 영위할 수 있도록 하는 절대적 작용성임을 파악한다. 따라서 仁義禮智를 체득한 도덕적 삶은 남과 내가 하나가 되는 有機的이고 전체적인 삶이며 대자연과 하나가 되는 영원한 삶이 된다. 즉 性을 그대로 실현하는 인간의 삶은 바로 하늘의 작용을 실현하는 것이다.

3) 『孟子』「盡心上」: 孟子曰 萬物皆備於我矣[孟子가 말하였다. "만물이 모두 나에게 갖추어져 있다."] — 근원적 이치와 일원적 실체를 체득한 인간의 삶은 단순한 개체의 삶이 아닌 천지만물과 함께 살아가는 전체의 삶이 된다. 깨달음의 과정을 통하여 有機的 전체로서 천지우주는 大我이고, 分化된 개체로서 각각의 만물들은 小我라는 사실을 인식하게 되는 것이다. 따라서 만물과 나는 동질의 일원적 실체로 구성되어 있으며 全一한 이치가 작용하고 있는 만물일체의 유기적 관계임을 알 수 있다.

여 德과 性을 매개로 天과 인간이 하나라는 천인합일사상과, 이 天理가 일사불란하게 만물에게 작용하여 수행되고 있는 천지우주는 하나의 거대한 유기체라는 만물일체사상을 낳았다.

宋代에 시작된 성리학은 인간의 本性이 곧 우주의 이치라는 '性卽理'說을 기반으로 하여 유학의 천인합일과 만물일체사상을 철학적으로 규명한 학문이다. 그 대표적 개념인 이기론은 성리학의 핵심개념이자 근본문제라 할 수 있는데, 그 이유는 理와 氣의 개념과 관계구조를 명확하게 규명하는 것이 결국은 성리학의 본질적 물음에 대한 답이 될 수 있기 때문이다. 그러면 理와 氣에 대하여 알아보도록 하겠다.

理의 쓰임은 『孟子』, 『周易』의 「繫辭傳」 등에 나타난다. 『孟子』에서는 "마음이 똑같이 그렇게 여기는 것은 무엇인가? 理라 이르고 義라 이른다."4)라고 하여 사람들이 누구나 공감하는 마땅함 또는 당연함의 의미로 사용되었고, 『周易』에서는 "쉽고 간단하여 천하의 이치가 얻어진다."5) 또는 "이치를 궁구하고 性을 다하여 이로써 天命에 이른다."6)라고 하여 우주만물의 변함없는 이치라는 의미로 사

---

4) 『孟子』「告子上」: 心之所同然者何也. 謂理也義也. – 인간이면 누구나 좋은 것을 보고자 하는 공통의 시각, 맛있는 것을 먹고자 하는 공통의 미각, 좋은 것을 듣고자 하는 공통의 청각 등을 가지고 있다. 그렇다면 인간이면 누구나 느끼는 공통의 마음도 있을 것이니, 그것은 바로 이치에 맞게 여기고 떳떳하게 여기는 마음이라는 것이다.

5) 『周易』「繫辭傳上」: 易簡而天下之理得矣. – 세상의 모습은 대단히 복잡하고 다양해 보이지만, 그 裏面의 이치를 터득하고 나면 세상의 변화는 지극히 쉽고 단순한 것임을 알 수 있다.

6) 『周易』「說卦傳」: 窮理盡性, 以至於命. – 외부의 이치를 궁구하여 내 안에 내재한 성을 다하고, 그럼으로 해서 天命에 이르게 되는 것이다. 天命

용되었다. 『說文解字』에서는 "理는 구슬을 다스리는 것이다[理治玉也]."라고 하여 구슬을 그 결에 맞게 다듬어 本然의 아름다움이 살아나도록 가공하는 일이라 하였으니, 이것은 어떤 존재의 존재성을 온전하게 드러낸다는 의미이다. 즉 만물 각각의 '다움'을 이루어 주는 오묘한 자연의 작용이라 할 수 있으니, 존재의 본래성을 온전히 갖추도록 하는 이치인 것이다.

氣는 理에 비하여 그 쓰임이 빈번하였고, 의미 또한 다양하였다. 『孟子』에서는 "나는 나의 浩然한 氣를 잘 기른다."[7] 또는 "그 夜氣가 보존될 수 없다."[8]라고 하여 우주자연에 가득 차 있는 기운 또는 생명력의 의미로 사용되었고, 『論語』에서는 "氣를 막아서 숨 쉬지 않는 듯하였다."[9]라고 하여 인간의 기운을 의미하였다. 『春秋左氏傳』에서는 "하늘에는 六氣가 있다. …… 六氣는 陰·陽·바람·비·어둠·밝음이다."[10]라고 하여 자연 현상을 의미하였고, 『說文解字』에서는 "氣는 구름의 기운이다[氣雲氣也]."라고 하여 구름의 모양을 형상화한 글자라고 하였다. 즉 氣는 자연 현상, 특히 기후 현상이나 기체의 흐름을 나타내기도 하고, 인간의 기운 또는 우주자연

은 고원한 곳에서 내려오는 것이 아니라 모든 만물에게 갖추어 있다. 이것을 충실히 실천하는 것이 바로 하늘과 하나로 맞닿는 방법인 것이다.

7) 『孟子』「公孫丑上」: 我善養吾浩然之氣. ─ 호연한 氣라는 것은 한마디로 천지우주에 가득 차 있는 혼연한 생명의 기운인 것이다.

8) 『孟子』「告子上」: 其夜氣不足以存. ─ 夜氣는 인간이 활동을 멈춤으로 해서 온몸에 충만해지는 호연한 氣를 말하는데, 대부분의 사람들은 아침이 되어 활동을 시작하게 되면 점차 호연한 氣가 사라지게 된다는 것이다.

9) 『論語』「鄕黨」: 屛氣似不息者.

10) 『春秋左氏傳』「昭公」: 天有六氣, …… 六氣曰 陰陽風雨晦明也.

에 가득 찬 생명력 등을 의미하기도 하는 것이다.

周濂溪는 인간의 본질에 대한 문제, 인간과 자연의 문제, 천지우주의 근원 문제 등에 대한 연구를 통하여 우주만물을 아우르는 보편적 이치를 궁구하였으니, 그것이 바로 太極論이다. 『周易』에서 시작된 태극의 문제[11]는 『太極圖說』을 거치면서 만물의 궁극적인 근원자 또는 第一원인자로서 자리매김하게 되었고, 이후 이기론의 전개에 있어서 始原의 위치를 점하게 되었다.

張橫渠는 주렴계의 태극론을 보완하여 만물의 생성과 소멸의 전 과정을 氣一元的 입장에서 규명하였다. 그는 우주만물의 일원적 실체를 氣라 천명하고, 이 氣의 취산에 의하여 우주만물의 생성과 소멸이 일어난다고 하였다. 氣는 우주에 가득 차 있는 만물의 일원적 실체로서, 끊임없는 움직임을 통하여 우주만물의 변화를 주도하는 실체라는 것이다.

程伊川은 당시 宇宙論에 희석되어 버린 인간의 가치문제를 부각시켜 인간의 本性과 하늘의 이치를 하나로 연결하는 '性卽理'說[12]을 주장하였다. 그는 『周易』의 道器관계에 대한 형이상과 형이하의 입장[13]을 기반으로 인간의 존재원리인 性과 그 실체인 氣를 구분하

---

11) 『周易』「繫辭傳」: 易有太極, 是生兩儀. 兩儀生四象, 四象生八卦, 八卦定吉凶, 吉凶生大業[변화하는 것은 태극이 있으니, 이것이 양의를 생한다. 양의는 사상을 생하고 사상은 팔괘를 생하며 팔괘는 길흉을 정하고 길흉은 대업을 생한다].

12) 『二程集』『遺書』 卷22: 性卽理也. 所謂理, 性是也. 天下之理, 原其所自, 未有不善[性은 곧 理이다. 이른바 理라는 것은 性이 이것이다. 천하의 理는 그 유래하는 바를 근원해 보면 선하지 않음이 있지 않았다].

13) 『周易』「繫辭傳上」: 形而上者謂之道, 形而下者謂之器[형이상자를 일러

는 이원적 세계관을 구축하였다.[14] 구체적인 변화는 형이하의 器이고, 그 器가 변화되도록 하는 원인자는 형이상의 道라는 것이다. 여기에서 道를 理, 器를 氣로 대치하여 일원적 실체인 氣와 근원적 이치인 理의 理氣이원론을 형성하였다.

그리고 이기이원론은 朱晦庵에 이르러 보다 확고해졌다. 理는 만유의 존재원리, 궁극적인 변화원리로서 자연의 변화를 주재하는 이치인 것이고, 氣는 천지만물의 일원적 실체로서 우주에서 일어나는 현상 전반을 포괄하는 변화의 실체인 것이다. 그리하여 우주만물의 유형한 실체의 문제는 氣의 차원으로, 그 裏面의 무형한 이치의 문제는 理의 차원으로 파악하는 이원적 이기론을 확립하였다. 유학의 근원에 대한 철학적 고찰은 인간의 가치문제와 천지우주의 존재원리가 맞물리면서 이기론이라는 구체적 철학체계로 정착된 것이다.

2) 에너지와 原理

물리학은 우주만물의 본질을 알고자 하는 인간의 끊임없는 탐구에서 시작된 학문으로, 고대 그리스 철학에 그 연원을 두고 있다. 서양철학은 정신과 물질의 이원적 세계관에 입각하여 정신적 측면에 관심을 집중하면서 상대적으로 물질적인 요소를 등한시하게 되었다.

道라 하고, 형이하자를 일러 器라 한다].

14) 『伊川學案』「語錄」: 論性不論氣, 不備, 論氣不論性, 不明[性을 논하고 氣를 논하지 않으면 갖추어지지 않고, 氣를 논하고 性을 논하지 않으면 밝아지지 않는다]. - 인간에게 있어 분리될 수도 섞일 수도 없는 마음과 몸의 가치문제를 분명히 하려 함이다.

그러면서 자연스럽게 물질적 측면에 관심을 갖는 새로운 영역의 학문이 탄생하기에 이르렀는데, 이것이 물리학이다. 물리학은 과학적 정신에 입각하여 자연과 물질에 대한 실증적인 실험과 연구를 통하여 종교나 철학과는 다른 방법으로 우주만물의 근원을 연구하는 독립적인 학문의 한 축을 이루게 되었다.[15)]

물리학은 구체적으로 드러나는 다양한 현상에 대한 관찰과 실험을 통하여 근원적인 법칙과 이론을 궁구한다. 따라서 물리학의 연구대상은 미세한 원자 속 소립자에서부터 광활한 우주에 이르기까지 대단히 광범위하다. 우주자연에 대한 인간의 관심이 지속적으로 집약되면서 많은 실효를 거두었는데, 그 대표적인 성과가 운동법칙, 열역학법칙, 기본적 상호작용, 상대성이론, 우주론, 양자론 등이다.

상대성이론의 에너지－질량 등가원리는 물질의 본질을 추구함에 있어서 '에너지'의 개념을 완전히 새롭게 인식하도록 하였다. 물질과 에너지라는 이중적 구분이 사라짐과 동시에 개별적인 물질의 틀마저 깨어지면서, 에너지는 우주만물을 하나로 아우르는 우주의 일원적 실체로 부각되기에 이르렀다.[16)] 질량을 가진 모든 물질이 단지 에

---

15) 프리초프 카프라 著, 이성범·김용정 譯, 『현대 물리학과 동양사상』, 범양사, 1998, 32쪽 참조.

16) 에너지가 근본적인 개념이 된 것은 에너지가 소멸되지 않으면서 상호 변환할 수 있으며, 에너지 변환의 그물망 속에서 모든 물리 현상을 연결하는 통합기능을 하기 때문이다. 에너지가 파괴될 수 없다는 것과 흩어진다는 것 사이의 관계로부터 에너지 개념의 적용 폭이 모든 물리과정으로 확장되었다. '힘'이라는 개념으로부터 '에너지'로 중심이 옮겨가면서, 톰슨은 역학 내에서 에너지 개념의 위상을 확립하고자 했다(피터 하만 지음, 김동원·김재영 옮김, 『에너지, 힘, 물질』, 성우, 2000, 87쪽 참조).

너지의 어떤 형태에 불과하다는 사실이 과학적으로 입증되면서 기존의 물질관에는 대대적인 변화가 불가피해진 것이다.

그렇게 되면서 물질의 최소단위로 여겨지던 원자는 더 이상 근원적인 존재로서의 지위를 유지할 수 없게 되었다. 그 존재구조가 하나씩 벗겨지기 시작하면서 전자, 양성자, 중성자 등 수많은 소립자들이 발견된 것이다. 이 수많은 소립자들은 모두 에너지의 덩어리 상태로서 생성과정의 組合差에 의해서 서로 다른 특성을 나타낸다. 여기에 에너지가 갖는 고유 운동성과 상관성이 밝혀지면서 에너지가 차지하는 비중은 점점 증대되었다.

운동법칙은 물질세계에서 일어나는 움직임을 관찰하여 변화의 실체를 '힘'이라 규정하고, 모든 변화는 힘의 세기가 변화함에 따라 생겨나는 물리적 현상임을 밝혀냈다.[17] 여기서 중요한 것은 힘과 에너지의 관계이다. 힘의 근원이 바로 에너지라는 사실이다. 에너지의 작용에 의하여 힘의 세기가 결정되는 것으로, 에너지는 바로 일을 할 수 있는 능력이며 힘을 가할 수 있는 능력이다. 즉 힘을 발생시키기 위해서는 에너지가 필요한 것이니, 운동을 한다는 것은 결과적으로 에너지를 소모시키는 일체의 변화과정인 것이다.[18] 힘은 물체가 그 상태를 바꾸도록 하는 원동력이고, 에너지는 힘의 크기와 변화를 만들어 내는 원천이다. 그러므로 운동법칙과 힘 그리고 에너지의 관계를 고찰함으로 해서 에너지가 변화의 실체임을 알 수 있는

---

17) 로버트 M. 헤이즌·제임스 트레필 지음, 이창희 옮김, 『과학의 열쇠』, 교양인, 2005, 27~33쪽 참조.

18) 로버트 M. 헤이즌·제임스 트레필 지음, 이창희 옮김, 『과학의 열쇠』, 교양인, 2005, 47~48쪽 참조.

것이다.[19]

우주자연을 움직이는 근본적인 힘은 중력, 전자기력, 약한 핵력, 강한 핵력이라는 기본적 상호작용이다. 이 기본적 상호작용은 자연현상에서 관찰된 만물의 상호작용을 특성에 따라 네 가지로 정리해 놓은 힘의 법칙으로서, 전자기력에서 부호가 같은 전하 간의 斥力을 제외하면 모두가 引力에 의한 응취의 역할을 한다.[20]

에너지는 힘의 원천으로서 본연의 역동성이 있다. 그렇기 때문에 에너지는 끊임없이 사방으로 분산하려는 고유 운동성을 가지고 있다. 동시에 에너지 입자들은 기본적 상호작용의 영향이 지속되고 있기 때문에 전체적으로 引力에 의해 응취하려는 경향도 있다.[21]

에너지가 가지는 분산과 응취의 작용성에 의해 우주만물의 역동적 변화가 일어나고 있는 것이다. 우주의 만물들은 에너지 입자들이 뭉쳐지면 생성되고 흩어지면 소멸된다.[22] 결국 생멸을 포함한 우주의 모든 변화는 에너지의 고유 운동성과 기본적 상호작용의 산물인 것이니, 이것은 에너지가 우주만물의 변화를 주도하는 일원적 실체임을 알려주는 것이다.

에너지 작용을 규명한 중요 법칙이 열역학 법칙이다. 제1법칙인 에너지 보존법칙은 거대한 고립계인 우주에서 에너지라는 것이 비록

---

19) 피터 하만 지음, 김동원·김재영 옮김, 『에너지, 힘, 물질』, 성우, 2000, 87~91쪽 참조.
20) 곽영직, 『물리학이 즐겁다』, 민음사, 1996, 109~110쪽 참조.
21) 프리초프 카프라 지음, 이성범·김용정 옮김, 『현대물리학과 동양사상』, 범양사, 1998, 249쪽 참조.
22) 이시우, 『별과 인간의 일생』, 신구문화사, 1999, 28~29쪽 참조.

어떠한 형태로의 변화는 가능하지만 총량에 있어서는 약간의 충당이나 유출도 허용되지 않고 언제나 일정한 값을 유지한다는 것이다. 제2법칙인 엔트로피 증가법칙은 우주의 변화가 저엔트로피[高질서] 상태에서 점차 고엔트로피[低질서] 상태로 일어나고 있다는 법칙으로, 열적 평형 또는 에너지의 질적 저하현상을 나타내는 것이다. 이 두 법칙은 우주의 변화가 정량의 에너지에 의해서 일어나고 있으며, 그 변화는 무질서해지는 방향으로 전개되고 있다는 에너지의 定量性과 변화의 一方性을 설명하고 있다.23)

여기에 우주기원설인 빅뱅설은 에너지가 일원적 실체임을 뒷받침하는 학설이라 하겠다. 현재의 우주는 초고온, 초고밀도의 에너지덩어리 상태[特異點]에서 엄청난 폭발과 함께 에너지 입자들이 사방으로 흩어지면서 시작되었다는 것이다. 엄청난 잠재력을 가진 에너지 입자들은 급격하게 공간이 확장되고 온도가 급강하하면서 점차 운동성이 감소하게 되었다. 그러면서 기본적 상호작용의 영향력이 증가하면서 차츰 입자들 간의 결합이 이루어지기 시작하였다. 그리하여 소립자, 원자, 물질, 별 등이 생겨나면서 현재의 우주가 형성되었다는 것이다.

결국 물리학의 모든 법칙과 이론은 에너지의 작용에 의해서 생겨나는 현상을 관찰하여 그 결과를 정립해 놓은 것이다. 객관적 실증을 통하여 우주 전반에 작용하는 법칙성과 그들 간의 상관성, 그리고 일원적 실체인 에너지를 발견해 낸 물리학의 성과는 실로 대단한 것이다. 그렇다면 에너지라는 일원적 실체와 우주 전반에 작용하는

---

23) 소광섭, 『물리학과 대승기신론』, 서울대학교출판부, 1999, 18~19쪽 참조.

에너지의 보편성, 그리고 그에 따른 법칙성과 상관성이 가능하다는 것은 무엇을 의미하는가? 우주를 하나로 아우르는 초월적 본질의 작용성을 의미한다.

이러한 작용성은 내면적인 형이상의 가치문제이기 때문에 관찰과 실험이라는 객관적 실증의 방법으로 직접 규명될 수 있는 문제가 아니다. 철학적이고 내면적인 인식작용이 결합되어야 하는 문제이다. 드러난 모든 현상이 가능하도록 하는 내면적이고 초월적인 작용성, 이것이 바로 근원적 이치인 原理인 것이다. 어떠한 것이 존재할 수 있도록 하는 존재원리, 끊임없이 변화할 수 있도록 하는 변화원리가 裏面에서 항상 작용하고 있으므로 해서 우주의 존재와 변화는 가능할 수 있다.

거대한 하나의 유기체인 우주에서부터 미세한 에너지 입자인 양자 하나하나에 이르는 다양한 우주만물의 존재와 변화는, 에너지의 고유 운동성과 기본적 상호작용을 가능하도록 하는 원리의 작용성에 의하여 생겨난 전일함과 다양함의 모습인 것이다. 전체로서 우주라는 에너지 구조의 전일함에는 그것이 가능하도록 하는 원리의 작용성이 전일하게 드러나고 있으며, 개체로서 물질이라는 에너지 결합 상태의 다양함에는 그것이 가능하도록 하는 원리의 작용성이 다양하게 드러나고 있다. 원리와 에너지의 상관성은 理氣관계와 마찬가지로 불가분한 일제싱을 보이는 것이다.

2. 理氣論과 物理學의 連繫 必要性

본질에 대한 연구방법에는 크게 두 가지가 있는데, 하나는 내면적이고 주관적인 인식방법이고 다른 하나는 외향적이고 객관적인 실증방법이다. 두 학문의 연계는 본질의 문제를 파악함에 있어서 주관과 객관을 한데 아우를 수 있는 것이다.

성리학의 핵심이론인 이기론은 철학적 방법을 통하여 理와 氣라는 개념을 바탕으로 이원적 세계관을 제시하였다. 理는 우주만물의 변화를 주재하는 이치이고, 氣는 우주 전반에서 일어나고 있는 모든 존재와 변화의 실체라는 것이다. 이기론은 천지우주의 근원에 대한 주관적 성찰을 통하여 인간과 자연의 가치, 우주만물을 아우르는 형이상의 이치 등의 문제에 대하여 철학적 체계를 완성한 이론이다.

따라서 우주만물은 형이상의 이치와 형이하의 실체가 한데 어우러져 유구한 시간의 흐름과 광활한 공간의 구조 속에서 끊임없이 변화하고 있다. 우주는 거대한 하나의 유기체로서 만물을 구성하는 개별 존재들이 서로에게 영향을 미치면서 각자에게 주어진 역할을 수행하고 있는 것이다. 모든 물질은 혼연한 氣에서 생겨났으며, 그 氣의 존재와 변화는 理의 작용에 의하여 일어나고 있다. 理와 氣의 관계 구조는 만물일체라는 보편적 가치를 보다 세분화하여 형이상과 형이하로 나누어 놓았다.

이기론은 修身을 통한 깨달음을 위주로 하기 때문에 지극히 주관적이다. 격물치지의 방법으로 사물의 이치를 궁구한다 하더라도, 사물의 본질에 대한 구체적인 실험과 관찰이라는 물리학적 심층 분석이라기보다는 개인적인 깨달음을 위해 필요한 관념적 성찰에 불과하다. 그렇기 때문에 이기론의 심오한 사상은 일부 覺者들의 전유물이 되어, 대중들의 이해와 접근을 위한 객관성 확보에 어려움이 있는 것이다.

물리학은 객관적 실증을 통하여 많은 법칙과 이론을 정립하였다. 물리학의 발달은 마침내 에너지라는 일원적 실체를 발견함으로 해서 우주만물이 거대한 하나의 에너지 상태라는 統合性과 全一性을 밝혀냈다.[24] 그런데 이러한 물리학의 발달은 인간으로 하여금 심각한 문제에 봉착하도록 하였다. 자연과 물질의 관찰 주체인 인간 자신이 에너지 구조 속으로 빠져들게 되면서 인간의 가치에 대한 근본적인 회의가 일어나게 된 것이다. 이것은 객관적 실증의 물리학이 우수 전반을 대상화하여 오직 물질적 가치문제와 결부시킴으로 해서 발생하는 불가피한 결과이다.

물질적 가치추구에 편중됨에 따라 인간은 거대한 우주 속에서 티끌에 불과한 존재, 수많은 원소 덩어리에 불과한 존재로 전락하게 되었다. 모든 가치를 객관화가 가능한 형이하의 범주에 한정시킴으로 해서, 인간은 우주자연이라는 거대한 틀 속에서 형이상의 가치문제, 인간 본연의 가치문제를 새롭게 인식해야 하는 숙제를 안게 되었다. 어설픈 우월의식에서 벗어나 인간의 냉철한 이성으로 인간의 참가치, 나아가 우주의 참가치를 찾아내야 하는 것이다.

인간은 더 이상 內的 자아성찰에만 의존해서도 外的 관찰대상에만 매몰되어 있어도 안 된다. 주관적 성찰과 객관적 실증이라는 학

---

24) 프리초프 카프라 지음, 이성범·김용정 옮김, 『현대물리학과 동양사상』, 범양사, 1998, 96쪽 참조.

문방법의 편중현상은 나름의 難題를 가지고 있기 때문에 상호 보완이 필요하다. 보편적 가치문제를 온전히 파악하기 위해서는 형이상과 형이하를 아우르는 주관적 성찰과 객관적 실증의 조화가 이루어져야 한다. 따라서 정신적 가치추구를 위주로 하는 성리학과 물질적 가치추구를 위주로 하는 물리학은 학문적 연계를 통하여 주관과 객관, 정신과 물질의 조화라는 진정한 가치를 제시해야 하는 것이다.

두 학문은 모두 궁극적 본질의 추구라는 공통점을 갖고서 각자 눈부신 성과를 이루어 왔다. 우주가 하나의 거대한 유기체라는 사실을 발견한 것이다. 그러나 한쪽은 형이하의 가치를 간과하고 형이상의 가치추구에 치우침으로 해서 점차 현실적인 생명력을 잃어 가고 있으며, 다른 한쪽은 형이상의 가치를 인식하지 못하고 형이하의 가치추구에 치우침으로 해서 물질문명의 발달 일변도에만 기여하고 있는 실정이다. 그리하여 그 눈부신 성과들이 결국은 인간의 삶에 온전한 역할을 수행하지 못한 채 부작용을 양산하고 있는 것이다.

오늘날 이기론은 몇몇 철학자들 사이에서만 회자되고 있을 뿐, 대중들에게는 그저 골치 아프고 난해한 학문의 일종으로 인식되고 있다. 더욱이 성리학이 조선시대를 멸망시킨 주된 원인이라고 주장하는 학자들도 있다. 하지만 20세기에 접어들고 나서야 우주만물의 일원적 실체에 대한 실마리를 내놓고 있는 물리학에 비하면, 이미 8세기 전에 주관적 성찰의 방법만으로 이러한 방대한 이론체계를 확립했다는 것은 실로 성리학의 위대한 업적이 아닐 수 없다.

따라서 현재 이기론, 나아가 유학 전반이 외면당하는 이유는 학문 자체의 문제라기보다는 현실에 맞는 재해석의 不在에 있다고 보아야 할 것이다. 새로운 변화의 길을 모색함으로 해서 대중들로 하여

금 유학의 참가치를 깨닫도록 인도해야 하는 것이다. 자연과 인간, 인간과 인간의 공존이 절실한 현대사회에서, 만물일체사상에 대한 설득력 있는 제안이야말로 오늘날 유학자들에게 남겨진 막중한 책무가 아닐 수 없다.

물리학은 현대 산업사회에 엄청난 공헌을 하고 있다. 기초과학의 타 분야에 대한 공헌은 물론이고 공학, 의학, 항공학, 해양학 등 사회 전반에 걸쳐 막대한 영향력을 발휘하고 있다. 그렇지만 그 영향력의 그늘에는 그에 상응하는 부작용도 도사리고 있다. 물리학의 역사를 돌이켜 보면, 발전의 裏面에는 전쟁이라는 무서운 그림자가 있었다. 고성능 무기가 개발되면서 대량학살의 전쟁 양상이 전개되었고, 탐욕스런 인간의 물질적 욕망을 채우는 데 있어 적잖은 역할을 수행하였다. 두 차례의 세계 대전과 원자폭탄의 파괴력은 그 대표적인 예이다.

그러나 물리학의 위험성은 과거의 이야기로 끝나는 것이 아니다. 앞으로도 계속해서 인간의 삶을 위협하게 될 것이다. 핵무기를 포함한 고성능 무기의 위협, 과학기술의 무분별한 사용에 따른 환경파괴, 지나친 물질적 이윤추구에 따른 산업화와 물질만능의 인간 경시 풍조 등 직간접적으로 인간사회에 危害를 가하고 있다. 그러므로 이제 물리학은 보다 근원적인 가치문제에 대한 새로운 실마리를 모색해야 한다.

과거 주관적인 격물치지의 방법론은 심오한 이기론의 사상체계를 객관화하기에는 무리가 있었다. 보다 명백하고 객관적인 격물치지의 방법으로 문제를 극복해야 한다. 그것이 바로 물리학이다. 물리학적 탐구를 통하여 이기론의 심오한 사상을 구체적으로 설명할 수 있다면, 그동안 難題로 여겨졌던 보편적 가치에 대한 대중의 이해 문제는 확실한 실마리를 찾을 수 있다. 그리하여 이기론이 추구했던 천인합일과 만물일체라는 전통적인 유학사상은 현대적인 재해석을 통하여 다시금 생기를 되찾게 될 것이다.

그리고 물리학에서 제기된 객관적 실증의 한계, 인간 가치에 대한 회의, 부작용에 따른 위험성 등의 문제는 인간의 내면적이고 주관적인 자각을 통하여 그 해결방안을 마련할 수 있다. 물리학의 여러 성과물들에 담긴 의미를 주관적 자아성찰의 방법을 통하여 온전히 깨닫게 된다면, 인간을 포함한 우주만물의 진정한 가치를 파악하는 것은 어렵지 않다. 객관적 실증에 주관적 자각이 접목됨으로 해서 물질적 가치추구에 편중되었던 의식의 틀에서 벗어날 수 있으며, 인간의 가치, 자연과 인간의 유기적 관계구조를 깨달음으로 해서 만물과 조화를 이루는 인간의 올바른 삶을 제시할 수 있다.

따라서 肉眼에 의한 관찰과 心眼에 의한 성찰, 객관적 실증과 주관적 자각의 상호 보완은 존재와 가치의 문제에 대하여 명실상부한 만물일체사상을 뒷받침한다. 두 학문의 연계는 형이하에 대한 과학적 가치추구와 형이상에 대한 성리학적 가치추구가 하나로 합쳐짐으로 해서 진정한 가치창출을 실현할 수 있다. 두 학문의 연계를 통한 진리의 재발견은 학문의 발전에만 머무는 것이 아니라, 조화로운 삶의 가치를 인식시킴으로 해서 분열일변도로 치닫고 있는 현대사회의 諸 문제에 대한 해결방안을 마련할 수 있는 것이다.

3. 萬物一體의 客觀的 實證

유학의 궁극적 목표는 우주만물을 아우르는 진리를 깨달아 온전한 인간의 삶을 사는 데 있다. 그 사상의 중심에는 天이 자리잡고 있다. 天의 작용인 天命은 천지만물을 하나로 아우르는 엄숙한 자연의 섭리이다. 이러한 天命은 인간을 포함한 모든 만물에 공통으로 들어 있는 존재성과 결부되어 있다. 따라서 우주라는 무한한 시공간의 세계는 각각의 개체가 독자적으로 존재하는 것이 아니라 전체의 거대한 틀 속에서 유기적인 관계를 맺고 있는 것이다. 이것이 바로 萬物一體思想이다.

유학의 만물일체사상은 천지우주가 하나의 거대한 유기체라고 하는 일원적 우주관을 단적으로 보여주는 것이다. 각각의 物이 가지는 개체적인 존재성과 법칙성은 一見 개별적으로 살아가는 별개의 존재들처럼 보이지만, 裏面을 살펴보면 만물은 천지우주라는 거대한 틀 속에서 끊임없이 변화하면서 서로 얽혀 있는 불가분의 관계이다. 물 속의 물고기가 물과 하나인 것처럼, 천지우주 속의 만물은 천지우주와 하나이다. 만물이 존재하고 있는 그곳이 바로 천지우주인 것이다.

만물일체사상은 성리학에서 보다 구체적으로 언급되었다. 周濂溪는 태극론을 주장하여 우주만물의 근원적 본체를 태극이라 이르고, 천지우주는 동질적 실체가 점차 세분화·다양화되면서 구체적인 만물을 생성하게 되었다고 하였다. 이러한 사상적 기반 위에서 張橫渠는 태극을 氣로 대치하여 우주만물을 하나로 아우르는 일원적 실체가 氣라고 하는 氣일원론을 주장하였다.

장횡거는 태허, 氣, 만물의 관계구조를 구체적으로 설명하여 氣의 상태변화에 의하여 만물의 생멸이 일어난다고 하였다. 만물이라는 것이 본질적으로는 동질의 氣이지만, 그 차이는 음양의 변화와 시공간적인 氣의 분화에 의하여 생겨난다는 것이다. 그는 이러한 우주만물의 유기적 관계구조를 보다 구체적으로 비유하여 천지를 부모라 칭하고 만인을 한 배에서 나온 형제라 하였으며 만물을 나와 더불어 살아가야 할 존재들이라 하였다.25) 이것은 천지우주가 혼연한 하나의 유기체라는 만물일체의 우주관에 대한 극단적인 표현이다.

이러한 사상은 程伊川과 朱晦庵에 이르러 근원의 문제를 좀 더 구체적으로 구분하여 이기이원론의 형태로 이어졌다. 우주만물의 본질에 대한 차원을 개념적으로 구분하여 형이상은 理, 형이하는 氣로 구분하는 이원적 세계관이다.26) 이러한 이기이원적 세계관은 비록 개념상 형이상과 형이하를 나누어 좀 더 세분화된 입장을 견지하고는 있지만, 이 또한 만물일체사상이라는 범주 안에서의 가치구분인 것이다.

만물일체사상의 틀 속에서 이기이원론을 주장한 까닭은 무엇인가? 그것은 만물이 하나의 거대한 유기체라는 단계를 넘어 보다 궁극적

---

25) 『訂頑』: 乾稱父, 坤稱母, 予兹藐焉, 乃混然中處. 故天地之塞, 吾其體, 天地之帥, 吾其性. 民吾同胞, 物吾與也[하늘은 아버지를 일컫고 땅은 어머니를 일컬으니, 나는 흐리고 아득하여 이에 혼연하게 가운데에 처한다. 그러므로 천지에 충만한 것은 나의 體이고, 천치를 거느리는 것은 나의 性이다. 백성들은 나의 동포들이고, 만물들은 나의 무리들이다].

26) 『朱子大全』卷58「答黃道夫」: 天地之間, 有理有氣. 理也者, 形而上之道也, 生物之本也. 氣也者, 形而下之器也, 生物之具也[천지 사이에는 理가 있고 氣가 있다. 理라는 것은 형이상의 道이니 物을 생하는 본질이고, 氣라는 것은 형이하의 器이니 物을 생하는 도구이다].

인 가치문제에 대한 해결책을 찾고자 했던 것이다. 거대한 천지우주에서 인간의 가치를 어떻게 파악해야 할 것인가 하는 문제에서 인간을 단순히 氣의 혼연함 속으로 매몰시켜 다른 物들과 차이가 없는 존재로 전락시킬 수는 없었다. 인간을 정신과 육체로 구분하여 육체의 물질적 가치근거를 氣에, 정신의 도덕적 가치근거를 理에 배속시킴으로 해서 인간 본연의 가치를 혼연한 氣와는 구분된 고원한 理의 차원으로 끌어올리기 위한 시도인 것이다.

유학의 세계관에는 시종일관 온 세상 만물들이 일체라고 하는 생각이 뿌리 깊이 자리잡고 있다. 그러나 이러한 사상은 학문의 특성상 철학적 통찰과 주관적 자각이라는 관념론에 치우쳐 있다. 그 철학적 난제의 극복 방안이 바로 물리학을 통한 객관성의 확보이다. 구체적 실험과 객관적 실증을 통하여 자연의 본질을 연구하는 물리학이야말로 성리학의 난제를 극복하는 데 있어 대단히 중요한 학문이라 할 수 있다.

물리학은 본래 객관적 실증방법으로 우주만물의 본질에 접근하려는 학문이다. 오랜 세월 법칙과 이론이 축적되고 과학기술이 발달하면서 탐구영역은 넓어지고 내용은 더욱 심화되어 갔다. 그리고 현대 물리학에 이르러 점차 우주만물은 거대한 하나의 틀로 묶여지고 있다. 기본적 상호작용, 원자론, 상대성이론, 빅뱅설, 양자론 등의 모든 이론이 종합적으로 연구되면서 현 우주가 하나의 거대한 틀이라는 전일성과 통합성에 대하여 구체적으로 언급되기에 이르렀다.

물리학의 이론 형성에 가장 중요한 비중을 차지하고 있는 개념은 '에너지'이다. 에너지라는 개념이 오랜 기간 물리학의 대상이 되어 온 것은 사실이지만, 상대성이론에 의해 제기된 에너지-질량 등가원리는 단지 에너지의 개념만을 바꾸어 놓은 것이 아니라 우주 전체를 하나의 틀로 묶어 주는 계기가 되었다. 에너지가 바로 '만물의 일원적 실체'라는 것이다.[27] 따라서 에너지라는 대상을 심층적으로 파악하는 것만으로도 만물일체사상에 대한 객관적 실증은 가능할 수 있다.

만물의 일원적 가치문제는 에너지 입자들의 결합 상태인 물질의 차원에서 좀 더 구체적으로 관찰된다. 우주의 모든 물질은 원소로 구성되어 있으며, 지금까지 발견된 원소는 대략 100여 종이다. 모든 원소는 양전하를 띠는 원자핵과 음전하를 띠는 전자의 결합이라는 동일한 원자구조를 갖고 있다. 다만 원소들의 차이는 양성자·중성자·전자의 수에 달려 있다. 모든 원소는 본래 개별적인 생성방식이 있는 것이 아니라 양성자·중성자·전자의 수가 하나씩 늘어나면서 화학적인 성질이 달라지는 것이다.[28]

인간을 포함한 모든 물질, 심지어 태양이나 머나먼 우주 끝의 다른 별들도 그 성분은 100여 종의 원소들이다. 원소들은 또한 소립자의 수는 다르더라도 동일한 원자구조를 하고 있으며, 소립자들은 종류는 다르더라도 동질의 에너지로 구성되어 있다. 이처럼 원소를 구성하는 소립자들이 모두 동질의 에너지이고, 따라서 모든 물질이 에너지의 결합 상태라는 것을 감안할 때, 우주만물의 일원적 동질성에 대한 실증은 어렵지 않다.

이러한 개념이 종합적으로 명시된 이론이 바로 빅뱅설이다. 우주는

---

27) 피터 하만 지음, 김동원·김재영 옮김, 『에너지, 힘, 물질』, 성우, 2000, 87쪽 참조.
28) 리처드 파인만 著, 박병철 譯, 『파인만의 여섯 가지 물리이야기』, 승산, 2003, 80~81쪽 참조.

극도로 응취되어 있던 동질의 에너지덩어리가 일순간 폭발하면서 시작되었다는 학설로, 우주가 태초에 혼용한 一元에서 시작되었음을 주장하고 있다. 대폭발이 일어나기 전, 에너지덩어리 상태에서는 우주의 만물은 물론 기본적 상호작용까지도 하나의 혼용한 상태로서 일체의 구분이 없었다는 것이다. 이것은 최근 실험에 의해서도 밝혀지고 있는데, 고온으로 올라갈수록 원소의 특성이나 기본적 상호작용은 그 특성이 사라지면서 하나로 융화되어 버린다는 사실이다.[29] 이 사실은 대폭발설에 대한 귀납적 실증이라 할 수 있는데, 이것은 바로 에너지가 우주만물의 일원적 실체라는 것을 뒷받침해 주는 것이다.

현 우주는 혼용한 에너지덩어리 상태에서 시작하여 에너지의 고유 운동성과 기본적 상호작용에 의하여 끊임없이 존재·변화하고 있는 거대한 하나의 틀이다. 에너지 입자들은 결합하여 소립자를 형성하고, 소립자들은 결합하여 원소를 구성하며, 원소들은 결합하여 물질을 생성한다. 이 물질들이 담겨져 있는 거대한 틀이 곧 우주인 것이다.

그러나 우주는 개체들이 모여들어서 전체가 구성되는 단순한 결합체가 아니다. 이미 一元의 에너지 상태에서 시작된 우주는 전체라는 관계구조 속에서 개체들의 존재와 변화가 일어나고 있는 유기체의 모습이다. 기본적 상호작용이 동질의 에너지 입자들을 분화시키고 취산하게 함으로 해서 수많은 개체들은 생멸하고 있다. 어느 것 하나 별도의 근원이 없고, 어느 것 하나 홀로 격리될 수 없이 상호작용하는 완전한 일체의 우주. 이러한 물리학적 우주관이 만물일체사상에 대한 객관적 실증인 것이다.

---

29) Arthur Beiser 지음, 장준성·이재형 옮김, 『현대물리학』, 한국학술정보 (주), 2003, 636~639쪽 참조.

Ⅲ

太極論과 빅뱅説의 比較

1. 太極論의 哲學的 價値

唐代 불교에 의해 배격되었던 유학은 말기에 이르러 사상적 자기 반성과 불교에 대한 배척운동이 전개되기 시작하였다. 그러다가 宋 이 전국을 통일하여 사회적·정치적 안정을 회복함에 따라 각지의 유학자들이 일어나 宋學 발흥의 기반을 마련하게 되었다. 北宋 초기 유학의 부흥운동은 이후 성리학의 형성에 지대한 영향을 미치게 되었는데, 그 시작이 바로 周濂溪이다. 그는 『太極圖說』·『通書』 등의 저술을 통하여 孟子 이후 단절된 유학 본연의 性命의 學을 회복할 것을 주장하였고, 그것을 張橫渠·程伊川·朱晦庵 등에게 전하여 방대한 성리학 형성의 기반을 마련하였다.[1]

주렴계는 생사를 초월한 이상적 인간의 모습인 聖人에 대하여 깊은 관심을 갖고 있었다. 그리하여 인간의 본질에 대한 문제에 대하여 보다 적극적인 성찰을 하게 되었다. 인간과 자연의 문제, 천지우주의 본질 문제 등에 대한 심층적인 연구를 통하여 인간과 자연을 하나로 아우르는 공통의 이치를 깨닫고자 하였다. 이러한 근원적 이치의 自覺을 통하여 聖人 되는 길을 찾고자 한 것이다.

本性대로 살고 편안히 여기는 것을 일러 聖이라 한다.[2]

인간을 포함한 모든 존재는 천지우주라는 거대한 전체의 틀 속에

---

1) 李基東 著·鄭容先 譯, 『東洋三國의 朱子學』, 成均館大學校出版部, 1995, 99~100쪽 참조.
2) 『通書』「誠幾德」第3: 性焉安焉之謂聖.

서 각자 개체로서의 삶을 살아간다. 『태극도설』에 의하면 천지우주는 하나의 유기체로서, 혼융한 一元의 상태가 分化되고 응취되어서 생성된 개체들이 조화를 이루고 있는 것이다. 따라서 천지우주는 만물들이 한데 어우러진 전체의 모습이며, 만물들은 각자 부여받은 소임과 역할에 따라 존재·변화하고 있는 개체의 모습이라 할 수 있다. 즉 모든 것은 유기체의 일원으로서, 그리고 개개의 주체로서 동시에 존재하고 있는 것이다.

이것은 『中庸』의 대전제인 '天命之謂性'에 나타난 천인합일·만물일체사상이다. 여기에서는 전체로서의 天과 개체로서의 만물이라는 유기적 관계구조를 설명함에 있어서 性이라는 연결고리를 사용하고 있다. 天命이라는 전체로서의 작용이 각 만물들에게 부여됨으로 해서 개체로서의 소임과 역할이 가능한 것인데, 이것이 바로 性이다. 따라서 각자에게 주어진 性을 온전히 발현한다는 것은 개체로서의 소임과 역할을 충실히 완수하는 것일 뿐만 아니라, 동시에 그 자체가 天命이라는 전체로서의 삶에 충실히 참여하고 있는 것이다.

그러나 인간은 性을 발현하는 데 있어 장애요인이 있다. 그것은 바로 그릇된 두뇌활동의 오류이다. 인간은 의식 활동이 고도로 발달하면서 점차 인위적인 틀에 얽매이게 되었고, 그렇게 되면서 점차 자연과는 괴리된 모습으로 변모해 버렸다. '나'라는 자아의식이 확고해질수록 개체로서의 삶에 편중되어 전체로서의 삶을 망각해 버리는 것이다. 이것은 하늘이 명한 온전한 삶, 본성대로의 삶이 아니다. 나에게 주어진 소임과 역할을 온전히 하는 방법은 전체로서의 삶과 개체로서의 삶이 동시에 실현되는 삶, 즉 천부의 性과 자연의 섭리를 깨달아 본성대로의 삶을 선하게 살아가는 것이다.

따라서 聖人에서의 聖은 하늘로부터 부여받은 본성을 온전히 발현함으로 해서 자신에게 주어진 삶을 여유롭고 편안히 여기는 모습을 형용하는 말이다. 거대한 자연의 섭리를 깨달음으로 해서 나에게 주어진 소임과 역할을 충실히 이행하며 만족스러운 삶을 살아가는 능동적인 인간의 모습을 '성스럽다'고 표현한 것이다.

생각함이 없으면서도 통하지 않음이 없으면 聖人이 된다.[3]

여기서 '생각함이 없다'는 것은 무엇을 의미하는가? 木石처럼 아무런 감각작용이 없다는 것을 의미하는 것이 아니라, 一身의 육체적인 삶에 편중되면서 생겨나는 사욕이나 집착 등의 생각이 없다는 말이다. 그러므로 聖人이란 개체로서의 틀에 얽매이지 않고 선한 본성에서 우러나는 순수한 마음작용을 따라 천지우주와 하나 된 삶을 살아감으로 해서 자연스럽게 天理에 통하는 자인 것이다. 자연의 흐름에 하나로 동화된 만물일체의 조화로운 삶을 영위하는 인간을 의미한다. 따라서 聖人이 되기 위해서는 性의 발현이 무엇보다 중요한 것이다. 이 性을 발현하기 위해서는 성실한 자연의 모습을 성실하게 닮아 가야 한다.

聖은 誠일 뿐이다.[4]

聖人은 中正과 仁義로써 안정되고 靜을 위주로 하여 사람의 표

---

3) 『通書』「思」第9: 無思而無不通, 爲聖人.
4) 『通書』「誠下」第2: 聖, 誠而已矣.

준을 세운다. 그러므로 聖人은 천지와 더불어 그 덕을 합하고 일월
과 더불어 그 밝음을 합하며 사시와 더불어 그 순서를 합하고 귀신
과 더불어 그 길흉을 합한다.5)

　誠이라는 것은 『中庸』의 핵심 개념이다. 이것은 끊임없이 지속되
는 天의 작용[天道]인 동시에 인간이 본연을 회복하기 위하여 끊임
없이 노력해야 하는 도리[人道]인 것이다. 본성을 잃어버렸던 인간
이 다시금 본성을 회복하여 聖人의 경지에 도달할 수 있는 유일한
방법이 바로 誠이다. 誠은 끊임없이 변화하는 자연의 지속성·영속
성의 의미인 것이다.6) 인간 역시 자연의 하나로서 자연 그대로의
성실한 삶을 살아야 한다. 몸은 너무도 성실하게 자연의 섭리에 순
응하면서 변화하고 있다. 문제는 마음이다. 마음작용이 '의식'에 의
해 一身의 틀에 집착하게 됨으로 해서 인간은 자연과는 단절된 성
실하지 못한 인위적인 모습을 드러내게 되는 것이다.

　이 마음작용을 성실히 할 것을 강조하는 말이 바로 誠이다. 일신
에 치우친 인위적인 집착으로는 육체적인 한계에 갇혀 誠의 실천이
불가능해진다. 天과 인간의 연결고리인 性을 통하여 만물일체의 참
된 삶을 회복해야만이 가능할 수 있다. 따라서 인간은 性의 가치를

---

5) 『太極圖說』: 聖人定之以中正仁義, 而主靜立人極焉. 故聖人與天地合其
德, 日月合其明, 四時合其序, 鬼神合其吉凶.

6) 『中庸』第20章: 誠者, 天之道也, 誠之者, 人之道也. 誠者不勉而中, 不
思而得, 從容中道, 聖人也. 誠之者, 擇善而固執之者也[성실한 것은 天
道이고 성실하고자 노력하는 것은 人道이다. 성실한 자는 힘쓰지 않아
도 알맞고 생각하지 않아도 터득하여 상황에 따라 도리에 적중하니 聖
人이다. 성실하고자 노력하는 자는 선한 것을 택하여 그것을 굳게 지키
는 자이다].

깨달아 성실하게 性을 실현해 나가야 한다. 性을 온전히 깨달아야 誠을 실천할 수 있고, 誠의 실천을 통함으로 해서 本性대로의 삶을 실현할 수 있다. 인간은 性의 발현과 誠의 실천을 통하여 聖人의 경지에 다다를 수 있는 것이다.

즉 天道와 人道는 性을 매개로 하고 있으므로 人道는 언제나 天道와 동화될 수 있는 가능성을 열어놓고 있다. 性에 의해 부여된 원초적인 생명력을 회복함으로 해서 誠을 실천할 수 있고, 誠이라는 구체적인 실천항목을 통하여 인간은 개체의 틀을 초월한 개체와 전체가 합치하는 천인합일·만물일체의 실현이 가능해지는 것이다.

이처럼 주렴계의 주된 관심사는 바로 본성을 회복하여 성인이 되는 것이었다. 그렇지만 修己安人[7]이라는 유교직 관점에서 볼 때, 본성의 회복을 통한 성인 되기의 문제는 내적 성찰을 통한 修己의 측면과 대중의 교화를 통한 安人의 측면이 함께 고려되어야 한다. 나만 성인이 되는 것이 최종 목적이 아니라 모든 인간에게 진리의

---

7) 『論語』「憲問」: 子路問君子. 子曰 修己以敬. 曰 如斯而已乎. 曰 修己以安人. 曰 如斯而已乎. 曰 修己以安百姓, 修己以安百姓, 堯舜其猶病諸 [자로가 군자에 대하여 여쭈었다. 공자가 말하였다. "나를 닦기를 敬으로써 하는 것이다." "그와 같을 뿐입니까?" "나를 닦아 이로써 남을 편안하게 해 주는 것이다." "그와 같을 뿐입니까?" "나를 닦아 이로써 백성들을 편안하게 해 주는 것이니, 나를 닦아 이로써 백성들을 편안하게 해 주는 것은 堯舜께서도 그 오히려 병통으로 여기셨을 것이다."] ― 군자는 지위와 권력이 높거나 부유한 사람이 아니라, 자기를 잘 닦아서 참된 가치를 터득한 자이다. 참된 가치를 터득하게 되면 나의 가치뿐만이 아니라 남들의 가치 또한 소중한 것임을 알게 된다. 그러므로 해서 자신에게 주어진 능력과 소임을 다하여 나뿐만 아니라 다른 사람들도 편안하게 해 주어 마침내 남과 내가 조화롭게 살아가도록 할 수 있다. 이러한 자가 바로 군자인 것이다.

길을 제시하여 더불어 성인이 되어야 하는 것이다. 따라서 인간의 근원처인 천지우주의 보편적이고 근원적인 이치를 궁구하여 대중들에게 구체적인 근거를 제시하고자 하였으니, 이것이 이른바 太極論의 전개이다. 그 대표적인 개념이 바로 태극인데, 이것은 『周易』, 「繫辭傳」에 있는 말이다.

변화하는 것은 태극이 있으니, 이것이 양의[음양]를 생한다.8)

이 문장에서는 태극이 구체적으로 무엇을 의미하는지 쉽게 파악할 수 없다. 변화의 실체라 볼 수도 있고, 변화함에 있어서의 불변적 이치라 볼 수도 있다. 이에 대하여 주회암은 변화하는 것[易]이란 실질적으로 변화가 일어나는 형이하의 氣를 말하고, 태극은 불변의 기준으로서 변화가 일어나도록 하는 형이상의 理를 의미한다고 주장하였다.9) 어떤 의미를 부여하든 음양을 생하는 근원자로서의 입지에는 변함이 없을 것이다.

이러한 사상을 기반으로 주렴계는 우주만물의 시작을 태극으로 규정하고 그 변화의 실체를 음양의 氣라고 하여 만물의 본체로서 태극의 입지를 부각시켰다. 그리고 太極의 앞에 無極이라는 말을 덧붙여 태극의 무형적이고 초월적인 의미를 부연 설명함으로 해서 태극

---

8) 『周易』「繫辭傳」: 易有太極, 是生兩儀.

9) 『朱子語類』卷5「性理二」: 蓋太極是理, 形而上者, 陰陽是氣, 形而下者[대개 태극은 理이니 형이상자이고, 음양은 氣이니 형이하자이다]. ─ 주회암은 주렴계의 태극을 변화하는 것[소연] 속에서 변화하도록 하는 것[소이연]으로 받아들이고, 태극은 형이상의 이치인 理, 음양은 형이하의 실체인 氣라고 단언하였다.

론을 완성하였다. 그 내용은 『태극도설』에 상세하게 서술되어 있는데, 이를 통하여 태극이라는 것은 만물의 궁극적인 근원자 또는 제일원인자로서 자리매김하기에 이르렀다. 물론 無極이라는 말로 인하여 유교적 정통성에 대한 論難을 불러일으키기도 하였으나, 우주만물의 본체로서 태극을 부각시킴으로 해서 이기론의 전개와 발전에 단초가 되었다는 점에 대해서는 異見이 없을 것이다.

2. 빅뱅說의 科學的 價値

우주는 언제나 인간에게 있어 경외와 동경의 대상이다. 오랫동안 인간은 우주가 시간적으로 무궁하고 공간적으로 무한한, 범접할 수 없는 존재라는 사실을 의심하지 않았다. 그런데 과학이 발달하면서 인간은 우주라는 것 자체를 대상으로 한 직접적인 관찰을 시작하기에 이르렀고, 그러면서 자연스럽게 우주에 대한 원론적 궁금증을 갖게 되었다.

우주의 크기, 우주의 시작과 종말 등의 문제가 본격적으로 논의되기 시작한 것은 미국의 천문학자인 허블이 도플러 효과[10]를 이용하여 우주가 사방으로 팽창하고 있음을 밝혀낸 후부터이다. 우주는 언제부

───────────────

10) 도플러 효과: 상대 속도를 가진 관측자에게 파동의 주파수가 波源에서 나온 수치와 다르게 관측되는 현상이다. 주파수는 파동을 일으키는 물체와 관측자가 가까워질수록 커지고 멀어질수록 작아진다. 이것은 기차가 다가올 때에는 소리가 커졌다가 지나가고 나면 갑자기 소리가 작아지는 현상으로, 1842년에 오스트리아의 물리학자 도플러가 처음으로 발견하였다.

터 어떻게 시작되었는지, 시작되기 이전에는 어떤 상태였는지, 그렇다면 우주의 미래는 어떻게 전개될 것인지 등에 대한 논의가 활발하게 이루어지게 되었다. 모든 과학적 성과물이 총동원된 가운데 우주의 기원에 대한 하나의 학설이 생겨났는데, 그것이 바로 빅뱅설이다.

빅뱅설은 1947년 러시아에서 미국으로 망명한 조지 가모라는 물리학자에 의해 제기되었다. 물론 모든 과학자가 처음부터 이 설을 지지한 것은 아니다. 소련의 벨라미노프와 영국의 호일 같은 학자들은 빅뱅설에 반대하면서 정상 상태 우주론을 주장하기도 하였는데, 호일의 경우는 우주가 처음부터 지금과 같았으며 앞으로도 영원히 현재와 같을 것이라 하였다. 그리하여 빅뱅설과 정상 상태 우주론은 1950년대에 가장 격렬하게 대립하였다. 그러다가 빅뱅설을 뒷받침할 만한 몇 가지 확실한 증거가 발견됨으로 해서 빅뱅설은 우주기원을 설명하는 定說로 자리잡게 되었다.[11]

그렇다면 빅뱅설의 증거란 무엇인가? 우선 우주가 사방으로 팽창하고 있다는 허블의 관측 결과 자체가 이 설을 유추할 수 있는 간접적인 증거라 할 수 있다. 사방으로 팽창하고 있다는 말은 현재 우주의 크기가 그대로 유지되고 있는 것이 아니라 계속해서 늘어나고 있음을 반증하는 것이고, 따라서 과거 어느 시점에서 이러한 팽창이 시작되었어야 함을 의미한다. 그리하여 과거로 거슬러 가게 되면 반드시 팽창을 시작한 특정 시점이 나타나야 할 것이니, 이 시점이 바로 '特異點'이라는 것이다. 현 우주가 특이점에서 대폭발하여 팽창하기 시작했다는 주장은 현재 우주가 팽창하고 있다는 사실을 자연스

---

11) 곽영직, 『물리학이 즐겁다』, 민음사, 1996, 182~183쪽 참조.

럽게 설명해 주는 것이다. 그러나 이러한 간접적인 유추만으로 학설이 성립될 수는 없다. 빅뱅설을 입증할 직접적인 증거가 있어야 하는데, 이것이 바로 '우주배경복사'와 '헬륨의 遍在'이다.

우선 우주배경복사에 대하여 알아보도록 하겠다. 지구에서 어느 방향을 관측하든 우주로부터 쏟아져 오는 동일한 전파를 발견하게 되는데, 이것이 우주배경복사이다. 이 우주배경복사가 바로 빅뱅설에 관한 최초의 직접적인 증거이다. 온도를 가진 우주의 모든 물질은 열복사를 한다. 우주는 아주 뜨거운 에너지덩어리 상태에서 대폭발과 함께 시작되었는데, 대폭발 이후 공간적으로 끊임없이 팽창하면서 급속도로 냉각되었다. 우주가 대폭발에 의해 생겨났고 점차 냉각되어 왔다면, 우주 전반에는 그 온도에 맞는 열복사가 반드시 손재해야 할 것이다.

처음 이 설을 제안한 가모는 이러한 과학적 사실에 입각하여 우주공간 어느 곳에서나 일정하게 쏟아져 내리는 열복사가 존재할 것이라고 예언했다. 그는 계산을 통해 이 온도가 절대온도 3도 정도일 것이라고 주장하였는데, 이 예언은 20여 년 후에 관측을 통해 실제로 확인되었다. 1965년에 미국 벨 전화 회사의 전기 기사였던 팬지어스와 윌슨은 다각도의 실험을 통하여 우주의 모든 방향에서 일정한 강도로 쏟아져 내리는 복사선을 검출하였는데, 이것이 바로 가모가 예언했던 우주배경복사인 것이나. 현재 설대온도 약 3도의 복사선이 온 우주를 채우고 있다. 예언했던 것이 실제로 관측됨으로 해서 우주배경복사는 빅뱅설을 입증하는 첫 번째 직접적인 증거가 되었다.[12)

빅뱅설의 또 다른 직접적인 증거는 헬륨의 편재이다. 대폭발 직후에는 수소와 헬륨 등 일부 가벼운 원소만이 생성되었다. 이들을 제외한 나머지 원소들은 별 내부의 핵반응에 의하여 차후에 만들어진다. 별의 생성과정에서 생겨난다는 것이다. 따라서 탄소와 같은 원소들은 오래된 별에는 적고 새로운 별에는 많이 포함되어 있다. 그러나 헬륨은 별의 연령에 관계없이 동일한 양만이 포함되어 있으므로 단순히 별 내부에서 생성되는 원소가 아니라는 것을 알 수 있다. 이 말은 헬륨이 대폭발에 의해 우주가 생성된 초기에 만들어진 것이며, 이후에 그 양이 지속적으로 유지되고 있음을 의미한다. 이것이 바로 빅뱅설을 입증할 수 있는 두 번째 직접적인 증거이다.

대폭발로 우주가 탄생하여 1~1,000초 무렵까지 우주의 온도는 1억도를 넘었다. 이 정도 온도에서는 핵반응이 진행될 것이고, 양성자와 중성자가 결합되면서 원자핵을 생성하기 시작하였을 것이다. 양성자와 중성자의 비율에 따라 수소와 헬륨의 구성비는 대략 3 : 1이 되었을 것이라 예상하였는데, 실제 우주에서 관측된 헬륨의 양은 계산에 의한 예상치와 정확히 일치하였다. 그리하여 헬륨이 온 우주에 골고루 일정량 존재한다는 사실은 빅뱅설을 뒷받침하는 중요한 증거가 된 것이다.[13]

빅뱅설의 증거는 이상 세 가지, 우주의 팽창이라는 간접적인 증거와, 우주배경복사, 헬륨의 편재라는 직접적인 증거이다. 빅뱅설을 입증할 직간접적인 증거가 세 가지라는 사실은 실로 엄청난 자연과학

---

12) 로버트 M. 헤이즌·제임스 트레필 지음, 이창희 옮김, 『과학의 열쇠』, 교양인, 2005, 232~233쪽 참조.

13) 이케우치 사토루 지음, 김수진 옮김, 『우리가 알아야 할 우주의 모든 것』, 아세아미디어, 2002, 45~48쪽 참조.

의 발견이며, 업적이라 할 수 있다. 그리하여 오늘날 우주의 기원을 논함에 있어서 빅뱅설은 표준적 우주론으로서 굳건하게 자리매김하기에 이른 것이다. 이러한 빅뱅설의 주장은 태극론과 지극히 유사한 것으로, 만물일체사상을 보다 객관적으로 설명함에 있어 대단히 유용한 학설이라 하겠다.

3. 宇宙生成의 一元的 同質性 提示

주렴계 사상의 핵심은 태극론이다. 만물의 근원적 본체인 태극에 근거하여 우주의 생성과정을 설명하는 이론으로, 『태극도설』에 그 내용이 집약되어 있다.

> 무극이면서 태극이다. 태극은 움직여 陽을 생하고 움직임이 극에 달하여 고요해진다. 고요하여 陰을 생하고 고요함이 극에 달하여 다시 움직인다. 한 번 움직이고 한 번 고요해져서 서로 그 근원이 되니, 陰으로 나뉘고 陽으로 나뉘어 양의가 세워진다. 陽은 변하고 陰은 합하여 水·火·木·金·土를 生하니, 다섯 가지 氣가 순리에 맞게 분포되며 사시가 운행된다. 오행은 하나의 음양이고 음양은 하나의 태극이며 태극은 본래 무극이다. 오행이 생겨남에 각각 ㄱ 특성을 하나씩 갖는다. 무극의 진수와 음양오행의 정수가 묘하게 합하여 응결됨으로 해서 강건한 하늘의 道는 남성을 이루고 부드러운 땅의 道는 여성을 이룬다. 두 기운이 교감하여 만물을 변화·생성시키니, 만물은 낳고 낳아 변화함이 무궁하다.[14]

---

14) 『太極圖說』: 無極而太極. 太極動而生陽, 動極而靜. 靜而生陰, 靜極復

우선 '無極而太極'에 대하여 알아보도록 하겠다. 이것은 우주만물의 태초상황을 표현한 말이다. 極이라는 것은 다함·한계·극처·표준 등의 의미를 갖고 있다. 원래 無極이란 말은 道家의 『老子道德經』과 『莊子』에 등장하는 말이다. 道家에서 無極은 경계나 틀을 넘어서는 無限의 상태, 즉 자연과 하나 된 혼돈의 상태를 의미한다. 따라서 무극은 '시공간적 한계가 없다' 또는 '정해진 틀이 없다'는 뜻이니, 어떠한 틀에도 구속되지 않는 천지우주의 무한하고 오묘한 본연 상태를 의미한다. 그리고 태극은 '만물의 궁극처' 또는 '최적의 표준'이라는 뜻이니, 우주만물의 일원적 본질로서 천지의 변화를 하나로 아우르는 궁극적인 본체를 의미한다. 즉 無極而太極은 천지우주의 무한하고 오묘한 본연 상태이면서 존재와 변화의 궁극적 본체라고 할 수 있다.[15]

'太極動'은 궁극적 본체인 태극이 작동함으로 해서 천지우주의 역동적인 변화가 시작됨을 의미한다. '生陽'은 태극이 작동하여 우주만물의 動的 양태인 陽을 생겨나게 한다는 의미이고, '動極而靜'은 움직임이 극에 달하게 되면서 차츰 운동성이 줄어들어 고요해진다는 말이니, 이것은 태극의 운동 상태가 움직임의 상태에서 고요함의 상태로 변화되어 가고 있음을 의미한다. '靜而生陰'은 태극의 운동 상태가 고요해져서 우주만물의 靜的 양태인 陰을 생겨나게 한다는 의

動. 一動一靜, 互爲其根. 分陰分陽, 兩儀立焉. 陽變陰合, 而生水火木金土, 五氣順布, 四時行焉. 五行一陰陽也, 陰陽一太極也, 太極本無極也. 五行之生也, 各一其性. 無極之眞, 二五之精, 妙合而凝, 乾道成男, 坤道成女. 二氣交感, 化生萬物, 萬物生生而變化無窮焉.

15) 陳來 지음, 안재호 옮김, 『송명 성리학』, 예문서원, 1997, 88쪽 참조.

미이고, '靜極復動'은 고요함이 극에 달하면 다시금 운동 상태가 바뀌어 역동적인 움직임의 상태로 돌아가게 된다는 말이다.

'一動一靜'은 混融한 본연 상태에서 시작된 천지우주가 動과 靜의 운동 상태를 끊임없이 반복하고 있음을 의미한다. '互爲其根'은 動과 靜의 운동 상태가 서로에게 근원하여 변화하고 있어서 상호 終始의 끊임없는 연속성을 가지는 순환구조를 형성함을 의미한다. 태극의 두 가지 운동 상태인 動과 靜을 보다 포괄적·함축적 개념인 陰과 陽으로 대치함으로 해서 천지우주는 전체적으로 陰의 속성과 陽의 속성으로 대별되어 兩儀가 세워지게 되는 것이다.

'陽變陰合'은 陽이 역동적인 움직임으로 변화를 주도하고 陰이 안정적인 고요함으로 결합을 주도힌다는 의미이다. 이러한 陰陽의 작용이 동시다발적으로 일어나 중첩되고 分化됨으로 해서 점차 氣의 다섯 가지 특성인 오행을 생성한다. 이 다섯 가지 氣[五行]가 우주 자연의 이치에 따라 사방으로 퍼져 가면서 공간이 형성되기에 이르렀고, 사계절이 운행하는 시간의 순환구조가 시작되었다. 이처럼 무극에서부터 오행에 이르는 변화과정을 거치면서 천지우주는 점차 시공간의 틀을 갖추게 된 것이다.

무극에서부터 오행에 이르는 변화과정은 본질적으로 별개의 것이 아니다. 오행은 음양에 의해 分化된 氣의 다섯 가지 특성이고, 陰과 陽은 대극의 운동 상태에 의해 생성된 氣의 두 가지 양태이다. 태극은 우주만물의 변화를 주도하는 궁극적 본체로서 본래 무한하고 오묘한 본연 상태인 무극인 것이다. 결국 천지우주가 하나의 거대한 틀을 형성함에 있어서 오행, 음양, 태극, 무극 등은 본질적으로 동일한 것이지만, 근원적인 본체에서 구체적인 실체로 이어지는 분화과정에서 발생하는 상태변화의 차이일 뿐이다.

금·목·수·화·토의 오행은 생겨나면서 각각 그 특성을 하나씩 갖게 된다. 이 오행은 혼융한 하나의 본연 상태에서 점차 분화되어 구체적인 운동성과 특성이 갖추어지는 것이다. 무극과 태극, 음양과 오행의 진수가 묘하게 합치되어 응결됨으로 해서 강건한 하늘의 道는 남성을 형성하게 되고 부드러운 땅의 道는 여성을 형성하게 된다. 이 두 기운이 지속적으로 교감함으로 해서 마침내 다양한 만물을 생성·변화시키는 것이니, 음양의 작용은 끊임없이 개체의 속성을 지속시켜 주는 생성의 역할을 하게 되면서 그 변화가 무궁해지는 것이다.

그렇다면 만물들 또한 별개의 근원이 있는 것이 아니라, 음양오행의 氣가 분화되면서 다양한 개체들을 형성하는 이른바 동질의 근원을 가진 異體들임을 알 수 있다. 천지우주는 무극에서부터 만물의 생성에 이르는 모든 분화과정이 한데 어우러져 있는 하나의 거대한 틀임을 알 수 있는 것이다.

태극은 우주만물의 궁극적 본체로서 모든 생성과 변화를 주재하고 있다. 태극의 작용성은 음양을 생겨나게 하였고, 이 음양의 작용에 의해 분화가 일어나면서 氣의 구체적 특성인 오행이 생겨났으며, 이 음양과 오행에 의한 분화와 취산작용이 지속됨으로 해서 만물이 형성되었다. 따라서 무극, 태극, 음양, 오행, 만물은 一元의 본체에서 파생된 것이니, 만물의 생성과 변화라는 것은 결국 일원적 본연 상태의 분화과정에 불과한 것이다. 그러므로 천지우주는 동질의 氣에서 분화·생성된 하나의 거대한 유기체인 것이니, 이것이 바로 태극론에서 주장하려는 만물일체사상의 요점인 것이다.

빅뱅설에서 말하는 우주의 생성과정은 어떠한가? 인간이 살고 있는 현 우주는 시공간적으로 무한한 세계이다. 그런데 이러한 광활한 우주는 언제, 어떻게 생겨난 것인가? 이에 대해 과학자들은 축적된 과학적 지식을 총동원하여 우주의 기원을 설명하고자 하였는데, 그 대표적인 학설이 바로 빅뱅설이다.

우주가 특이점이라는 한 점에서부터 팽창해 가는 과정에는 몇 가지 중요한 시점이 있다. 우주의 진화에서 중요한 시점으로 대폭발 후의 어떤 시각을 선택하는 것은 시간에 의해서가 아니라 온도에 의해서이다. 어떤 온도에서 어떤 일이 일어날 것인가를 계산한 후, 우주의 팽창에 의하여 이 온도에 이르는 시간을 계산하는 방법으로 선택된 것이 이런 시점들이다. 1초라는 짧은 시간 사이에 그토록 많은 일들이 일어날 수 있는 것은 1초 동안에 온도의 변화가 크게 일어났기 때문이다. 대폭발 후의 중요 시점은 다음과 같다.

① 10^{-6}초: 양성자, 중성자, 중간자, 전자, 중성미자와 같은 소립자들이 형성되기 시작. 이들과 이들의 반입자 그리고 빛만이 존재. 우주의 온도 약 100억 도.

② 1초~3분: 양성자와 중성자가 결합하여 원자핵을 형성하기 시작. 중수소핵과 헬륨 원자핵의 비율이 약 3 : 1, 현재와 같은 비율.

③ 3분 후: 전자가 원자핵과 결합하여 원자를 형성하기 시작. 그 후 약 10만 년 동안 지속.

④ 10만 년 후: 온도가 하강하여 더 이상 빛이 입자로 바뀌는 반응은 일어나지 않음. 나머지 빛은 우주 공간으로 흩어지기 시작. 물질의 시대 도래.

대폭발 후 10만 년이 지나면서 우주는 빛의 지배에서 벗어나 물질이 지배하는 시대가 된 것이다. 이제 빛 형태로 존재하는 에너지

보다 물질 형태로 존재하는 에너지가 많아지게 되었다. 물론 그 후에도 우주의 팽창은 계속되었다.

물질 간에 引力이 작용하고 질량이 큰 물질을 중심으로 수축하기 시작하면서 커다란 질량 덩어리가 만들어질 수 있었을 것이다. 이 질량 덩어리들이 은하계의 모체가 되었을 것이고, 이러한 미세한 인력의 작용에서 시작된 질량 덩어리들의 수축과 응집은 오늘날 우주의 형체를 만들게 되었다.[16]

현 우주는 크기를 논할 수 없는 아주 작은 한 점에서 시작되었는데, 이것을 '특이점'이라 한다. 과거의 어느 시점에서, 우주의 모든 물질은 시공간까지도 응취된 엄청난 밀도를 지닌 에너지덩어리 상태의 우주알[cosmic egg]이었다. 이 에너지덩어리가 계속적으로 압축되어 급기야 초고온, 초고압의 폭발 상태에 이르렀고, 마침내 특이점에서 대폭발이 일어나면서 압축되어 있던 에너지들이 공간의 확장과 함께 상하사방의 모든 방향으로 급격히 팽창하기 시작하였다.[17]

초고온·고밀도 상태로 한데 엉겨 있던 에너지덩어리의 폭발력은 실로 엄청난 것이었다. 이렇게 생성된 에너지 입자들은 초고온과 팽창력에 의해 엄청난 잠재력을 가지고 무한한 공간으로 퍼져 나갔다. 급속히 공간이 확장되면서 그 온도는 급격히 떨어지게 되었고, 사방으로 분산하던 에너지 입자들은 점차 운동력이 감소하면서 기본적 상호작용의 영향을 받게 되었다. 기본적 상호작용에 의한 引力이 동시다발적으로 발생하여 分化와 수축활동이 일어나기 시작하였다. 그

---

16) 곽영직, 『물리학이 즐겁다』, 민음사사, 1996, 181~187쪽 참조.
17) 폴 데이비스 지음, 류시화 옮김, 『현대물리학이 발견한 창조주』, 정신세계사, 2005, 33쪽 참조.

리하여 에너지 입자들은 무수한 응취과정을 통하여 양성자·중성자·전자·중성미자 등의 다양한 소립자들을 생성하였다.

온도가 지속적으로 하강하면서 소립자들의 운동력은 감소하였고, 상대적으로 소립자들 간의 결합은 활발하게 이루어졌다. 양성자와 중성자가 강한 핵력의 영향으로 결합되어 원자핵을 구성하면서 물질형성의 중요한 단초가 되었다. 이후 원자핵이 전자와 전자기력에 의해 결합하면서 물질의 기본적 구성단위인 원자를 형성하였고, 이러한 원자의 생성과정이 상당기간 지속되면서 물질의 생성이 급속하게 증가하였다.

이제 중력이 물질들 간에 引力으로 작용하면서 우주 전반에 영향을 미치게 되었다. 상대적으로 큰 질량을 가진 물질이 중심이 되어 점차 뭉쳐졌고, 이러한 작용이 오랜 기간 지속되면서 그 引力의 영향력은 점점 증가되어 갔다. 응취된 물질들의 질량이 기하급수적으로 커져 가면서 별, 태양계, 은하계 등의 체계를 갖추었고, 유구한 시간과 광활한 공간 속에서 현재의 우주만물이 형성되기에 이르렀다. 그리하여 태양, 지구, 인간을 포함한 모든 생명체도 탄생하게 된 것이다.

빅뱅설에서 살펴보았듯이, 현 우주의 모든 물질은 특이점이라는 동질의 에너지덩어리 상태에서 탄생하였다. 에너지덩어리가 대폭발에 의해 팽창하면서 에너지 입자들의 움직임이 시작되었고, 기본적 상호작용에 의해 에너지 입자들의 분화와 수축, 응취의 과정이 일어났다. 에너지 입자들이 결합하여 소립자들을 생성하였고, 원자핵과 전자가 결합하여 원자를 구성하였으며, 100여 종의 원소들이 결합하여 우주만물을 형성하였다. 그렇게 형성된 우주는 시공간이라는 거대한 틀 속에서 생멸의 변화를 지속하고 있다. 따라서 우주만물은 에너지라는 동질의 일원적 실체에서 분화된 것으로, 그 모든 생성과 변화는 에너지 입자들의 고유 운동성과 그들 간의 기본적 상호작용에 의해서 발생하고 있는 것이다.

이상으로 태극론과 빅뱅설에 나타난 우주만물의 생성과정에 대하여 알아보았다. 두 이론의 유사성을 파악하는 것은 어렵지 않다. 그러면 두 이론의 핵심을 일목요연하게 비교해 보도록 하겠다.

태극론은 '無極而太極'이라는 본연의 혼돈상태와 근원적 본체에 천지우주의 始原을 두고 있으며, 빅뱅설은 '特異點'이라는 에너지덩어리 상태에 현 우주의 始原을 두고 있다. 이것은 두 이론이 모두 우주가 하나의 동질상태에서 시작되었다는 유사성을 보여준다.

'太極動'은 궁극적 본체인 태극이 작동함으로 해서 천지우주의 역동적인 변화가 시작됨을 의미하고, '대폭발'은 에너지덩어리 상태가 일순간에 폭발하여 팽창하면서 현 우주가 시작됨을 의미한다. 여기서의 動은 천지우주의 태동을 시작하는 태초의 움직임인 것이고, 대폭발 역시 현 우주를 형성함에 있어서 최초의 움직임인 것이다. '陽'은 氣의 動的 양태를 의미하는 동시에 움직이는 氣[動氣] 자체를 의미하고, '운동성'은 대폭발에 의해 팽창하는 에너지 입자들의 끊임없는 분산의 양태를 의미한다.

'靜'은 氣의 움직임이 極에 달하면서 차츰 움직임이 줄어들어 고요해진 상태를 의미하고, '수축'은 우주의 온도가 하강하고 에너지 입자들 간의 引力이 일어나면서 에너지 입자들의 움직임이 줄어들어 모여드는 상태를 의미한다. '陰'은 氣의 靜的 양태를 의미하는 동시에 고요한 氣[靜氣] 자체를 의미하고, '기본적 상호작용'은 에너지 입자들이 전체적으로 인력작용에 의하여 한데 뭉쳐지는 응취의 양태를 의미한다.

水·火·木·金·土의 '五行'은 陰陽의 氣가 분화되고 결합하면서 생성되는 다섯 가지 특성의 기본요소를 의미하고, 양성자·전자·중성미자 등의 '소립자'는 사방으로 운동하던 에너지 입자들이 인력에 의해 분화되고 결합하면서 생성된 다양한 특성의 기본입자를 의미한다. '男女'는 오행의 결합에 의해 생성된 남성과 여성이라는 만물생성의 기본구조를 의미하고, '원자'는 소립자들의 결합에 의해 생성된 원자핵과 전자로 이루어진 물질의 기본적 구성단위를 의미한다.

'萬物'은 음양오행의 氣가 聚散작용을 통해 교감함으로 해서 끊임없이 생성하고 변화하는 천지만물을 의미하고, '우주'는 에너지의 고유 운동성과 기본적 상호작용에 의해 생성된 물질들이 지속적으로 변화하고 있는 현 우주를 의미한다.

지금까지 비교한 내용을 圖式으로 나타내면 다음과 같다.

〈표〉 生成過程의 圖式

太極論	빅뱅說	備考
無極而太極[混沌]	특이점[에너지덩어리]	↑
↓	↓	
太極의 動	대폭발[팽창]	
↓	↓	
陽	운동성[분산]	氣
↓	↓	∧
靜	수축	에 너 지
↓	↓	∨
陰	기본적 상호작용[응취]	영 역
⇓	⇓	
陽 ⇄ 陰 [分散] [凝聚]	운동성 ⇄ 상호작용 [분산] [응취]	
↓	↓	↓
五行	소립자	
↓	↓	
五行의 結合[男女]	소립자의 결합[원자]	물 질 영 역
↓	↓	
萬物	우주	

氣一元論의 物理學的 探究

1. 氣에 대한 理解

1) 氣의 存在樣態

氣 개념이 철학적으로 중요하게 언급되기 시작한 것은 宋代의 理氣論에서부터이다. 周濂溪의 태극론에서 시작된 우주의 본질에 대한 논의는 理와 氣라는 개념을 어떻게 파악하느냐에 따라 미묘한 차이를 보였다. 이에 張橫渠는 우주만물의 실체가 氣라고 하는 氣一元的 세계관을 주장하였다.

> 무릇 형용할 수 있는 것은 모두 있는 것이다. 무릇 있는 것은 모두 모양이 있다. 무릇 모양이 있는 것은 모두 氣이다.[1]

> 허공이 곧 氣임을 안다면, 유무·은현·신화·성명은 하나로 통하여 둘이 없을 것이다.[2]

이 세상 모든 것은 氣 아님이 없다. 우선 형체를 이루고 있는 모든 것이 氣일 뿐만 아니라, 아무것도 없는 것처럼 보이는 허공마저도 사실상 무형의 氣가 가득 차 있다는 것이다. 이러한 사실을 깨닫는다면, 텅 빈 허공이든 구체적인 物이든 간에 우수만물은 氣로 이루어져 있고, 형체의 유무, 생김새의 차이, 물질의 상태변화 등의 모든 변화는 氣에 의해 일어나고 있는 것임을 알 수 있다.

---

1) 『正蒙』「乾稱」: 凡可狀皆有也. 凡有皆象也. 凡象皆氣也.
2) 『正蒙』「太和」: 知虛空卽氣, 則有無隱顯神化性命, 通一無二.

氣가 모이면 분명해져서 형체가 있고 氣가 모이지 않으면 분명해
지지 않아서 형체가 없다.[3]

여기서는 만물의 생성과 관련된 氣의 취산작용을 설명하고 있다.
우주에 가득 차 있던 무형의 氣는 응취작용이 시작되면 분명해지면
서 구체적인 형체를 갖추게 된다. 그러나 응취작용이 일어나지 않으
면, 본래의 무형상태를 유지한 채 공간에 가득 차 있을 뿐 구체적인
형체를 이루지 못한다. 공간에 가득 찬 채로 분산되어 있는 무형한
본연 상태와 모여서 형체를 이루고 있는 유형한 응취 상태는 모두
취산작용에 의해 변화하는 氣의 모습이다. 따라서 형체가 없다는 것
은 본연 상태의 氣가 아직 모여들지 않았거나, 형체를 이루고 있던
만물이 흩어져 氣의 무형한 본연 상태로 환원된 것을 의미한다. 그
리고 형체가 있다는 것은 분산 상태의 氣가 응취되어 구체적인 형
체를 갖춘 만물이 된 것을 의미한다.

　　음양하는 氣가 흩어지면 무수히 달라지지만, 사람들은 그것이 하
　나임을 알지 못하고, 합쳐지면 혼연하지만, 사람들은 그것이 달라짐
　을 보지 못한다.[4]

이 문구에서 '氣가 흩어진다[氣散].'는 것은 취산의 의미가 아니
라, 하나의 혼연한 상태였던 氣가 局地的으로 부분 부분 나누어지는
氣의 分化를 의미한다. 혼연한 본연 상태의 氣는 분화과정을 거치면

---

3) 『正蒙』「太和」: 氣聚, 則離明得施而有形, 氣不聚, 則離明不得施而無形.
4) 『正蒙』「乾稱」: 陰陽之氣, 散則萬殊, 人莫知其一也, 合則混然, 人不見其
　殊也.

서 개체의 구분이 시작되는 것이고, 이렇게 분화된 氣가 응취됨으로 해서 구체적인 物의 형태가 갖추어지는 것이다. 이처럼 개개의 만물들은 혼연한 一氣가 분화과정을 거쳐 응취된 것이기 때문에 본질적으로는 '하나'인 것이며, 합쳐져서 본연의 一氣가 되었다 하더라도 그것은 분화와 취산작용이 항상 일어나고 있는 과정이기 때문에 언제든지 구체적인 物을 생성함에 있어서 '萬殊'의 다양한 모습이 나타나게 된 것이다.

　　氣라는 것은 흩어지면 무형으로 들어가니, 마침내 나의 體를 얻고, 모이면 형상이 있게 되니, 나의 항상 됨을 잃지 않는다.[5]

氣의 본래 모습은 무형한 혼연 상태이다. 그렇기 때문에 만물이 흩어져서 무형의 분산 상태로 돌아가는 것은 氣의 본래 모습을 회복한 것이므로, '나의 體를 얻는다.'고 한 것이다. 그리고 혼연한 본연 상태에서 분화되고 응취된 유형의 만물은 역동적인 氣의 취산작용에 의해 생겨난 것으로서 氣라는 본질을 그대로 간직하고 있으므로, '나의 항상 됨을 잃지 않는다.'고 한 것이다. 이처럼 유무, 隱現, 대소에 상관없이 천지만물은 氣로 이루어져 있는 것이다.

장횡거의 철학에서 가장 특징적인 개념은 太虛이다. 이것은 주렴계가 말한 '無極而太極'이라는 것을 한마디로 축약하여 표현한 말이라 할 수 있다. 무극이 뜻하는 무형의 오묘함과 태극이 뜻하는 만물의 근원적 본연 상태라는 두 가지 의미를 함유하는 개념이다.

태허는 형체가 없는 氣의 본체이다.[6]

---

5) 『正蒙』「太和」: 氣之爲物, 散入無形, 適得吾體, 聚爲有象, 不失吾常.

이 문구는 태허와 氣의 관계를 단적으로 설명하는 말이다. 형체가 없다는 것은 氣가 모이지 않아서 구체적인 형체를 갖추지 않은 상태를 말한다. 氣의 본체라는 것은 氣가 끊임없이 취산하면서 만물의 생멸을 주도하고 있지만, 그 본연의 모습은 무형의 혼연 상태라는 것을 강조하는 말이다.[7] 즉 태허가 바로 氣의 始原的 본연 상태라는 것이다. 氣는 본래 혼연한 태허 상태에서 시작하여 취산작용을 통하여 우주만물의 변화를 주도하고 있는 것이므로, 태허를 氣의 본체라 이른 것이다.

> 태허는 맑은 것이니, 맑으면 막힘이 없고 막힘이 없으므로 신묘하다. 맑은 것을 거스르면 탁한 것이 되니, 탁하면 막히고 막히면 형체가 생겨난다. 무릇 氣가 맑으면 통하고 어두우면 막힌다. 맑은 것이 극에 달하면 신묘해진다.[8]

맑다는 것은 무형하다는 것과 일맥상통하는 말로서, 구분되거나 뭉쳐지지 않은 순일한 혼연 상태를 의미한다. 반면에 탁하다는 것은 태허 상태의 氣가 분화됨과 함께 응취되어 점차 구체적인 형체가 생겨난다는 것이다. 신묘하다는 것은 무형의 혼연 상태에서 구체적인 만물의 생성으로 이어지는 끊임없는 氣의 취산작용을 의미한다. 태허는 맑은 氣가 가득 차 있는 신묘한 존재이다. 이 맑은 氣는 순

---

6) 『正蒙』「太和」: 太虛, 無形氣之本體.
7) 咸賢贊, 「張載 氣哲學의 天人合一的 人性論 研究」, 成均館大 博士學位 論文, 1999, 39쪽 참조.
8) 『正蒙』「太和」: 太虛爲淸, 淸則無礙, 無礙故神. 反淸爲濁, 濁則礙, 礙則 形. 凡氣, 淸則通, 昏則壅, 淸極則神.

일하게 통하여 있으면서 모든 변화를 가능하도록 한다. 맑다는 것이 바로 氣의 본연모습인 것이고, 이것이 바로 氣의 본체로서 태허의 모습인 것이다.

태허는 氣가 없을 수 없고, 氣는 모여서 만물이 되지 않을 수 없으며, 만물은 흩어져 태허가 되지 않을 수 없다.[9]

여기에는 만물의 생멸과정이 모두 담겨 있다. 만물의 생성과정은 흩어져 있던 무형한 태허 상태의 氣가 응취되면서 구체적인 형체가 갖추어지는 것이고, 만물의 소멸과정은 응취 상태의 구체적인 物이 점차 흩어져서 氣의 무형한 본연 상태인 태허로 돌아가는 것이다. 즉 氣가 모여서 만물이 된다는 것은 무형한 태허 상태의 氣가 모여듦으로 해서 氣의 응취 상태인 만물이 된다는 것이고, 만물이 흩어져 태허가 된다는 것은 氣의 응취 상태였던 만물이 흩어짐으로 해서 氣의 본연 상태인 태허가 된다는 것이다. 만물은 氣가 모여 있는 응취 상태이고, 태허는 만물이 흩어져 버린 분산 상태이다. 즉 만물은 氣의 유형한 응취 상태이고, 태허는 氣의 무형한 본연 상태인 것이다.

태허가 무형한 氣의 본연 상태이고 氣가 취산하는 실체라고 할 때, 현실세계의 다양한 존재와 변화과정에 있어서 중요한 또 하나의 개념은 만물이다. 천지우주에는 인간을 포함해서 각양각색의 만물들이 공존하고 있다.

---

9) 『正蒙』「太和」: 太虛不能無氣, 氣不能不聚而爲萬物, 萬物不能不散而爲太虛.

유영하는 氣가 어지럽게 요동치다가 합하여 질료를 이루는 것이
사람과 物이라는 온갖 것을 생겨나게 한다.[10]

氣는 영원히 한 상태로 머물러 있는 것이 아니라, 끊임없이 유영
하면서 이리저리 요동치고 있는 실체이다. 이 혼연한 氣가 분화과정
을 거쳐 합쳐지기 시작하면, 물질 생성에 필요한 구체적인 질료를
형성하게 되는데, 이렇게 형성된 질료에 의하여 인간을 포함한 모든
만물은 생겨난다. 氣는 무형한 태허 상태로 존재하고 있다가 뭉쳐지
면서 유형의 응취 상태인 만물이 되는 것이다. 만물은 근본적으로
혼연한 一氣에서 분화되어 생겨나는 것이다.

조화에 의해 이루어진 것은 하나의 物도 서로 닮은 것이 없으나,
이로써 만물이 비록 많더라도 그 실상은 하나의 物도 음양이 없는
것이 없음을 알게 되며, 이로써 천지변화는 두 가지 단서일 뿐임을
알게 된다.[11]

만물은 혼연한 一氣에 의해 생성되었지만, 어느 것 하나 닮은 것
이 없다. 이 만물들의 다양성은 음양하는 氣의 동시다발적인 분화와
취산작용에 의해서 생겨난다. 만물은 氣의 분화와 응취작용에 의하
여 구체적인 형체를 갖추어 생겨났다가 주어진 소임을 다하면 氣의
분산작용에 의하여 혼연한 태허 상태로 돌아가는 것이다. 결국 만물
과 氣의 관계는 본질적으로 동일한 것이지만, 단지 만물이란 응취작

---

10) 『正蒙』「太和」: 游氣紛擾, 合而成質者, 生人物之萬殊.
11) 『正蒙』「太和」: 造化所成, 無一物相肖者, 以是知萬物雖多, 其實一物無
無陰陽者, 以是知天地變化二端而已.

용에 의해 상태변화가 일어난 유형한 존재인 것이다.

> 氣가 태허에서 응취되었다가 분산되는 것은 얼음이 물에서 얼었
> 다가 녹는 것과 같다.[12]

만물은 氣의 취산작용에 의하여, 본연 상태인 태허에서 생겨났다
가 다시금 태허로 돌아가는 유한한 존재이다. 이것은 바로 얼음이
물에서 생겨났다가 다시금 물로 돌아가는 것과 같은 이치이다. 다만
물과 얼음의 관계에서는 일원적 실체와 분산된 본연 상태를 구분하
지 않았지만, 氣의 취산작용에서는 분산된 본연 상태를 강조하기 위
하여 태허라는 개념을 사용하였다는 데 차이가 있다.

물이 얼면 얼음이 되고 얼음이 녹으면 다시 물이 되는 '물과 얼
음'의 관계처럼, 우주만물도 태허 상태의 氣가 모이면 만물이 되고
만물이 흩어지면 다시금 분산 상태의 氣가 되는 '氣와 만물'의 관계
로 요약할 수 있다. 만물은 氣의 취산작용에 의하여 생멸의 고리를
이어가고 있는 존재들이다. 따라서 우주만물은 무형[태허]이든 유형
[만물]이든 간에 모두 氣라고 하는 기일원론이 성립하는 것이다.

2) 에너지의 存在樣態

물리학에 있어서 氣와 비교될 수 있는 개념은 에너지[13]이다. 에

---

12) 『正蒙』「太和」: 氣之聚散於太虛, 猶冰凝釋於水.
13) 에너지: 인간이 어떤 것에 일을 하면 그것은 한 일과 같은 양의 에너지
   를 얻은 것이 된다. 따라서 에너지의 단위는 일의 단위(joule, J)와 같다.

너지는 대단히 친숙한 말이다. 인간을 포함한 모든 생명체는 에너지를 보충함으로 해서 삶을 영위하고 있으며, 텔레비전이나 자동차 역시 에너지를 공급해 주어야만 작동할 수 있다. 이처럼 에너지는 그 의미나 성격이 대단히 광범위하며, 종류 또한 다양하다. 이제 에너지에 대하여 좀 더 구체적으로 알아보도록 하겠다. 에너지의 실체를 파악함에 있어서 가장 중요한 이론은 에너지－질량 등가원리이다.

상대성이론은, 질량은 에너지의 한 형태에 지나지 않는 것이라고 말한다. 에너지는 고전 물리학에서 알려진 다양한 형태를 취할 수 있을 뿐만 아니라, 또한 어떤 물체의 질량 속에 잠겨 있을 수도 있다. 예를 들면 어떤 입자에 포함되어 있는 에너지의 양 E는 그 입자의 질량 m에 광속 c의 제곱을 곱한 것과 같다. 즉 $E = mc2$인 것

에너지를 갖는 대상은 비단 물체뿐만이 아니라, 力場이나 질량이 없는 입자 등 非물질적인 실재들 역시 포함된다. 에너지에는 세 가지 주요 범주가 있는데, 운동으로 인한 운동에너지(kinetic energy, KE), 위치로 인한 퍼텐셜에너지(potential energy, PE), 질량으로 인한 정지에너지(rest energy, E0) 등이다. 에너지를 편의상 표면에 나타나는 양상으로 보면, 열에너지, 화학에너지, 역학적 에너지 등 여러 가지로 분류할 수 있지만, 자세히 따지고 보면 이들은 모두 위의 세 가지 범주들 중 어느 하나에 속한다.

열에너지를 생각해 볼 때, 열이란 실제로는 물체 내에서 무질서하게 운동하는 원자 또는 분자들의 운동에너지의 총합을 나타내고 있다. 화학에너지도 실제로는 물질을 구성하는 원자 또는 분자들 안에 있는 전자들의 전기적 위치에너지이다. 이 화학에너지는 화학적 반응 과정에서 방출되고 흡수된다. 파동운동은 운동에너지와 퍼텐셜에너지의 상호교환과 관련된다. 특수상대성이론의 결과에 의하면, 질량과 에너지는 밀접하게 연관되어 있어서 물질은 에너지로 에너지는 물질로 변환될 수 있다. 정지에너지[E_0]는 정지하고 있는 물체의 질량[m_0]에 대응하는 일종의 등가적인 에너지[$E_0 = m_0c^2$]이다(정운혁・노태익 공저, 『에너지의 기초』, 동아대학교 출판부, 2006, 18쪽 참조).

이다. 일단 질량이 에너지의 한 형태라고 본다면, 그것은 더 이상 파괴되지 않는 것이 될 필요가 없고 다른 형태의 에너지로 변형될 수 있는 것이 된다.[14]

이 이론은 에너지에 대한 생각을 180도 바꾸어 놓았다. 기존에는 에너지와 물질이 전혀 다른 별개의 개념으로 분리되어 있었다. 에너지는 물질이 일이나 운동의 변화를 일으킬 수 있도록 작용하는 요인이고, 물질은 에너지를 흡수하거나 에너지를 활용하여 생멸의 변화를 일으키고 있는 질량을 가진 구체적인 존재라고 여겼다. 그런데 에너지-질량 등가원리의 등장은 질량을 가진 물질이 다만 에너지의 변형일 뿐이라는 사실을 명시해 주었다.[15]

---

14) 프리초프 카프라 지음, 이성범·김용정 옮김, 『현대물리학과 동양사상』, 범양사출판부, 1998, 225~226쪽 참조.

15) 아인슈타인의 특수상대성이론에 의하면, 물체의 질량 m은 항상 일정한 것이 아니라, 관측자에 대한 물체의 상대속도 v에 따라 변한다. 관측자에 대해서 정지해 있는 물체의 질량을 m0(정지질량), 물체가 속도 v로 운동하고 있을 때의 질량을 m이라 하면,

$$m = \frac{m_0}{\sqrt{1 - v^2/c^2}}$$

이 성립한다. 여기서 c는 빛의 속도[2.998×10^8m/s]이다. 위 식에서 보면, 분모기 힝/싱 1보다 작기 때문에 룰체는 성지하고 있을 때보다 운동하고 있을 때 질량이 더 크게 나타난다. 상대론적 질량 증가는 물체의 속력이 광속에 가까울수록 효과가 현저하게 나타난다. 정지에너지(E_0)는 물체의 질량과 등가적인 에너지이다. 정지하고 있을 때 물체의 질량이 m_0이면 정지에너지 E_0는

$$E_0 = m_0 c^2$$

질량이 에너지의 한 형태라는 사실은 질량이 있는 우주의 만물이 본질적으로 에너지에 의해 형성된 존재임을 입증하는 것이다. 에너지가 질량으로 변한다는 말은 逆으로 질량이 에너지로 환원될 수 있음을 의미한다. 즉 에너지 입자들이 분화와 취산의 반복과정을 통하여 물질을 끊임없이 생멸시키고 있다는 것이니, 이것은 우주만물의 일원적 실체인 에너지에 대한 객관적 실증인 것이다.

따라서 우주의 만물은 서로 형태나 특성은 다르지만, 에너지라는 동질적인 요소로 구성되어 있는 존재들이라 할 수 있다. 이처럼 에너지의 바탕위에서 다양한 물질들이 존재하고 있는 것이 우주자연의 모습인 것이므로, 생성과 소멸은 거시적으로 에너지와 질량의 끊임없는 호환작용인 것이다. 에너지와 물질의 동질성이 규명됨으로 해서 에너지는 우주만물을 아우르는 일원적 실체로서 자리매김하기에 이른 것이다.

이다. 이 식은, 물질은 에너지로, 에너지는 물질로 변환될 수 있음을 나타낸다. 이 과정은 실제로 핵반응에서 실현됨을 엿볼 수 있다. 핵반응에서는 제법 큰 질량변화를 관찰할 수 있게 됨으로 해서 질량보존은 성립하지 않고, 다만 에너지 보존만이 여전히 성립할 뿐이다(정운혁·노태익 공저, 『에너지의 기초』, 동아대학교 출판부, 2006, 22~25쪽 참조).

질량과 에너지는 독립된 실체가 아니므로, 이들 각각의 독립된 보존 원리는 당연히 하나의 보존 원리—질량·에너지 보존 원리—로 통합하여야 한다. 질량은 생성될 수도 있고 파괴될 수도 있다. 그러나 그와 동시에 등가의 에너지가 사라지거나 생성된다. 그 역도 성립한다. 질량과 에너지는 같은 실체의 서로 다른 형태이다. 질량의 단위[kg]와 에너지의 단위[J]의 전환 인자는 c^2이다. 그러므로 1kg의 물체가 가지는 에너지는 9×10^{16}J이다. 이 값은 100만 톤의 화물을 달까지 보내기에 충분한 에너지임을 알 수 있다(장준성·이재형 공역, 『현대물리학』, 喜重堂, 1991, 24~27쪽 참조).

물리학자들은 우주만물의 본질을 찾아 그 기본요소를 규명하려 하였다. 더 이상 쪼개질 수 없는 최종의 상태를 찾기 위하여 끊임없이 물질을 해체해 보았다. 그러나 물질의 기본적 구성단위로 여겨졌던 원자마저 해체되면서 물질의 실체는 사라지고 수많은 소립자들이 쏟아져 나오기에 이르렀다.

원자가 더 이상 쪼갤 수 없는 궁극 입자라면 원자는 분해되거나 변하지 말아야 하는데 사실은 한 원소가 변환하여 다른 원소로 변할 수 있다는 것이 밝혀지기 시작한 것이다. 가장 먼저 발견된 것은 전자였고, 그 다음은 양성자였다. 그리하여 원자는 음의 전하를 띠는 전자와 양의 전하를 띠는 양성자를 포함하고 있다는 것을 알게 되었다. 그 후에 제3의 입자인 중성자가 발견되었고 계속해서 새로운 입자들이 발견되었다. 우주에서 오는 방사선을 조사하던 중 전자와 질량은 같고 전하가 반대인 양전자를 발견하였고, 뒤이어 중성자와 중성미자가 발견되었다. 이렇게 많은 소립자들이 발견되자 소립자들마저 물질을 이루는 궁극 입자가 아닐지 모른다는 생각을 하게 되었다. 그리하여 이들을 다시 쪼개어 이들을 이루는 더 작은 입자들의 세계를 규명하였는데, 현재까지 발견된 가장 작은 입자는 6종류의 경입자인 렙톤과 6가지의 쿼크라고 하는 것으로, 인간이 알아낸 궁극 입자의 수는 12가지인 셈이다.[16)]

원자는 물질을 이루는 기본적 구성단위로서, 우주에 존재하는 모든 물질은 원자로 구성되어 있다. 과학기술의 발달은 원자를 해체시켜 보다 작은 입자의 세계로 진입하기에 이르렀다. 일단 원자가 해

---

16) 곽영직, 『물리학이 즐겁다』, 민음사, 1996, 98~106쪽 참조.

체되기 시작하자 그 내부에서는 여러 가지 소립자들이 발견되었다. 원자의 껍질을 구성하는 전자가 발견되었고, 원자 중심에 위치한 원자핵에서 양성자와 중성자가 발견되었다. 이 양성자와 중성자는 또다시 해체되어 렙톤과 쿼크라는 현재까지 발견된 최소 입자의 존재를 파악하는 데 이르렀다. 하지만 이것이 최종의 기본요소라고는 누구도 장담하지 못한다. 그렇다면 이 해체의 종착점은 어디이며, 소립자의 본질은 무엇인가?

> 모든 입자는 다른 입자들로 바꾸어질 수 있다. 그것들은 에너지에서 생겨나 에너지로 소멸될 수 있는 것이다. 이러한 세계에서 '소립자', '물질적 실체' 혹은 '독립된 물체'와 같은 고전적 개념들은 그 의미를 상실하고 만다. 전 우주가 따로 떼어질 수 없는 에너지 모형들의 역동적인 그물[網]로서 나타난다.[17]

질량이 에너지의 한 형태에 불과하다는 사실은 다양한 소립자들이 물질의 기본요소가 아닌 에너지의 어떤 상태라는 사실을 규명해 주었다. 소립자들을 해체하여 물질의 궁극적 본질을 파고들면 들수록 물질의 틀은 점차 사라지고 오직 에너지 상태만이 남는다. 따라서 모든 물질은 쪼개져서 수많은 소립자들로 해체되고, 이 소립자들은 궁극적으로 동질의 에너지 상태로 돌아간다. 이것은 물질이 흩어져서 무형의 에너지 상태로 돌아가는 소멸과정이다. 즉 물질이 해체된다는 것은 무형한 에너지 상태로 분산됨을 의미한다. 물질은 원소들

---

17) 프리초프 카프라 지음, 이성범·김용정 옮김, 『현대물리학과 동양사상』, 범양사, 1998, 96쪽 참조.

의 집합체이고, 원소는 소립자들의 집합체이며, 소립자는 에너지의 덩어리 상태라는 것이다. 우주의 만물은 에너지가 응취되면 물질상태가 되었다가 분산되면 본래의 무형한 에너지 상태로 돌아간다. 분산되어 물질적 형체의 틀이 사라지면서 에너지의 본연 상태가 되는 것이다.

질량이 있는 모든 것은 에너지와의 호환이 가능하다. 하나의 에너지덩어리 상태에서 시작된 우주는 활발하게 운동하는 에너지 입자들의 상호작용에 의해 결합하면서 양성자·중성자·전자 등의 다양한 소립자를 생성하였다. 이러한 소립자들이 결합하여 원자핵을 구성하였고, 원자핵이 전자와 결합함으로 해서 원자를 탄생시켰다. 이렇게 생성된 원자들이 결합하여 다양한 물질을 생성하는 일련의 과정이 바로 물질의 생성과정인 것이다. 물리학에서 물질의 시작은 기본적 구성단위인 원자에서부터라 할 수 있으나, 원자의 구조를 관찰하면 할수록 물질의 실체가 과연 무엇인가에 대한 강한 의구심이 생기게 된다.

모든 원자의 중심에는 매우 무거운 핵이 자리잡고 있다. 핵은 전기적으로 양전하를 띠고 있으며, 그 주위는 음전하를 띤 일단의 전자들이 에워싸고 있다. 핵은 양성자와 중성자로 이루어져 있고 중성자는 전기적으로 중성이다. 원자의 크기는 10-8cm인데, 그 한가운데를 점유하고 있는 핵은 10-13cm밖에 되지 않는다. 원자에 비하여 핵의 크기는 매우 작지만, 원자가 갖는 질량의 대부분은 핵에 집중되어 있다. 전자는 핵을 중심으로 원자의 외곽을 엄청난 속도로 움직이고 있다. 전자의 엄청난 외곽 원운동은 전자의 운동에너지가 핵과 전자 사이의 전자기력과 균형을 유지하면서 생긴 것으로, 이 원운동이 원자모형의 견고한 틀을 형성한다.[18]

원자의 중심에는 양성자와 중성자의 결합체인 원자핵이 있으며, 원자핵의 주위에는 전자가 원자핵과의 일정 간격을 유지한 채 움직이고 있다. 양성자의 양전하와 전자의 음전하가 균형을 이루면서 원자는 전기적인 중성을 띤다. 원자의 속은 원자핵과 전자 이외에는 완전한 진공이다. 원자 대부분의 질량은 원자핵 속에 몰려 있으며, 원자의 크기에 비해 원자핵과 전자의 크기는 대단히 작아서 사실상 원자부피의 대부분은 진공상태인 셈이다.[19]

그렇다면 원자가 모형의 견고함을 유지할 수 있는 이유는 무엇인가? 그것은 바로 원자핵과 전자 사이의 전자기력에 의한 구심력과 전자의 운동에너지에 의한 원심력이 균형을 이루기 때문이다. 운동에너지는 전자가 가지고 있는 고유 운동성이고, 전자기력은 전자와 원자핵 사이의 원초적인 引力작용이다. 전자의 운동에너지는 사방으로 분산하려 하고, 원자핵과 전자 사이의 전자기력은 서로 끌어당기려 한다. 두 작용이 균형을 이루면서 전자는 원자핵 주위를 엄청난 속도[광속]로 회전하게 되는데, 이러한 전자의 회전경로가 바로 원자의 견고한 구면 역할을 하게 된다.

---

18) 리처드 파인만 지음, 박병철 옮김, 『파인만의 여섯 가지 물리 이야기』, 승산, 2003, 80~88쪽 참조.

19) 원자모형을 실물에 비교하면, 원자의 크기는 사과가 점점 커져서 지구가 되었을 때 비로소 사과 속의 원자가 사과가 되는 것과 같다. 그리고 원자핵을 지름 약 7㎝의 야구공으로 확대한다고 가정할 때, 원자는 야구장 세 개를 합한 크기인 지름 약 700m가 되고, 전자는 반경 350m인 球의 외곽을 광속으로 끊임없이 달리는 지름 약 3㎜의 좁쌀과 같다. 반경 350m의 球에서 야구공과 좁쌀의 부피는 무시해도 상관없을 만한 양인 것이다.

결국 원자모형의 실상은 전자의 회전경로가 구축해 놓은 견고한 틀에 의한 것이니, 이러한 틀의 견고함이 원자라는 구체적인 형태를 갖춤으로 해서 물질의 기본적 구성단위가 된 것이다. 따라서 엄밀히 말해 원자가 특정한 크기를 가진다고는 말할 수 없지만, 실용적인 관점에서 볼 때 밀집 구조[closed packed] 결정격자에서 관측된 원자들 간의 거리를 근거로 하여 원자가 거의 특정한 크기를 가진 것으로 근사할 수 있는 것이다.[20]

원자는 무수한 방법으로 결합해서 무수한 물질을 만들어 낸다. 그러나 여기에서 예외 없이 적용되는 법칙이 한 가지 있다. 원자는 전자를 접착제 삼아 결합한다. 물질의 특성은 원자가 배열되고 결합되는 방법에 의해 결정된다. 두 개의 원자는 이들의 전자들이 배열을 바꿔서 서로 인력을 갖게 되면 화학적으로 결합하게 된다. 양전기와 음전기가 서로 당기는 힘이 모든 물질을 이루는 것이다.[21]

모든 물질은 원자핵과 전자의 구조를 가지는 원자로 구성되어 있다. 이 원자가 화학적인 방법을 통하여 결합하면서 복잡한 물질을 이루게 된다. 원자의 배열이 바뀌고 결합하는 원자의 수와 종류가 증가하면서 분자・고분자・화합물이 되고, 기체・액체・고체가 되어 복잡한 물질세계를 형성하게 되는 것이다. 대단히 다양하고 복잡한 구소를 하고 있지만, 그 본질은 동일구조의 원자에서 시작된다. 그

---

20) Arthur Beiser 지음, 장준성・이재형 옮김, 『현대물리학』, 한국학술정보(주), 2003, 307~308쪽 참조.
21) 로버트 M. 헤이즌・제임스 트레필 지음, 이창희 옮김, 『과학의 열쇠』, 교양인, 2005, 124~125쪽 참조.

배열방법과 결합방법도 온도나 압력 등 주변 상황이나 원자 외곽의 전자들의 화학적 결합에 따라 규칙적으로 일어나고 있다.

결국 원자는 에너지의 덩어리 상태인 양성자, 중성자, 전자들의 상호작용에 의해 결합하면서 구체적인 형태를 갖추게 되는 에너지의 결합체이다. 이러한 수많은 원자들의 화학적 결합에 의하여 우주만물이 다양한 모습으로 존재·변화한다. 이처럼 우주의 모든 물질은 본질적으로 동질인 에너지가 분화되고 결합됨으로 해서 구체적인 형체를 갖추고 있는 에너지 입자들의 응취 상태인 것이다.

2. 氣의 力動性

1) 氣의 陰陽

천지우주의 변화는 바로 氣의 취산작용에 의해서 생겨나는 것인데, 이러한 氣의 운동성을 음양이라 한다. 음양은 氣가 응취하거나 분산하는 두 가지 변화 양태를 나타내는 것이며, 동시에 動靜하는 氣 자체를 의미하기도 한다.

> 氣는 끊임없이 가득 차 있는 태허이니, 올라가고 내려가고 날고 퍼져서 일찍이 머무르거나 그쳐 본 적이 없다.[22]

---

22) 『正蒙』「太和」: 氣坱然太虛, 升降飛揚, 未嘗止息.

천지우주는 만물이 한데 어우러져 살고 있는 끊임없이 변화하는 무한한 세계이다. 이러한 우주만물의 변화의 원인은 무엇인가? 장횡거는 이러한 의문에 대하여 氣의 취산작용임을 단언하였다. 이 문구에서 그는 氣의 혼융한 본연 상태와 그 끊임없는 취산작용에 대하여 설명하고 있다. 氣는 본래 무형한 태허 상태로 언제나 우주에 가득 차 있으면서 한순간도 멈추지 않고 끊임없이 움직이고 있는 존재이다. 따라서 천지우주는 본질적으로 혼연한 一氣로서, 그 끝없는 변화의 원인은 바로 그치지 않는 氣의 역동적인 취산작용에 있는 것이다.

> 두 가지가 서지 못하면 하나기 드러날 수 없다. 하나가 드러날
> 수 없으면 둘의 쓰임은 그친다. 양체라는 것은 허실·동정·취산·
> 청탁이니, 그 궁구함은 하나일 뿐이다.[23]

> 一物이면서 두 가지 양태인 것이 氣이다. 하나이므로 신묘하고
> 둘이므로 변화한다.[24]

이 문구는 氣의 성질을 간단명료하게 밝히고 있다. 一物은 만물의 일원적 실체인 氣를 의미하며, 兩體는 동정·취산하는 두 가지 운동 양태인 음양을 의미한다. 陽은 氣의 動的 양태 또는 움직이는 氣이며, 陰은 氣의 靜的 양태 또는 고요한 氣이다. 氣는 음양이라는 고유한 취산작용에 의하여 만물을 변화시키고 있다. 하나의 氣가 우주만

---

23) 『正蒙』「太和」: 兩不立則一不可見. 一不可見則兩之用息. 兩體者, 虛實
   也動靜也聚散也淸濁也, 其究一而已.
24) 『正蒙』「參兩」: 一物兩體, 氣也. 一故神, 兩故化.

물의 다양한 변화를 주도하고 있으므로 신묘하다고 한 것이고, 음양이라는 두 가지 氣의 고유한 취산작용이 만물의 끊임없는 생멸의 순환구조를 지속하고 있으므로 우주의 변화는 가능할 수 있는 것이다.

> 陽의 덕은 자라남을 위주로 하고 陰의 덕은 맺어줌을 위주로 한다. 陰의 성질은 응취하는 것이고 陽의 성질은 발산하는 것이니, 陰이 그것을 모으면 陽은 반드시 그것을 흩어지게 한다.[25]

陽은 움직임이니, 분산하는 성질을 갖고서 모든 것을 성장시키는 능력이 있고, 陰은 고요함이니, 응취하는 성질을 갖고서 모든 것을 맺어 주는 능력이 있다. 陽은 氣의 응취 상태인 만물을 흩트려서 태허로 되돌리는 역할을 하고, 陰은 태허라는 무형한 본연 상태의 氣를 모아서 만물을 형성하는 역할을 한다. 氣가 陰의 성질에 의해 한 곳으로 모여서 만물을 형성하는 것은 생성과정이고, 만물이 다시 陽의 성질에 의해 사방으로 흩어져서 태허 상태로 돌아가는 것은 소멸과정이다. 이러한 상대적 성질이 끊임없이 호환하면서 우주만물의 생멸을 주도하고 있는 것이다.

그러나 陰과 陽은 개별적으로 행동하면서 붙었다 떨어졌다 하는 관계가 아니라, 상황에 따라 동정의 성향을 순차적으로 드러내는 氣의 일관된 변화 양태인 것이다. 따라서 陽의 성향이 극에 달하면서 陰의 성향이 나타나고 陰의 성향이 극에 달하면서 陽의 성향이 나타나는 일련의 순환구조이다. 그러나 氣의 움직임이 동시다발적으로

---

25) 『正蒙』「參兩」: 陽之德主於遂, 陰之德主於閉. 陰性凝聚, 陽性發散, 陰聚之, 陽必散之.

발생하면서 두 양태의 중첩이 일어나기 때문에, 만물의 모습은 음양의 성향이 한데 조화를 이루면서 다양하게 성질을 드러내는 것이다. 결국 우주만물의 복잡하고 다양한 모든 변화는 氣[一物]의 고유한 취산작용인 음양[兩體]에 의하여 생겨나고 있는 것이다.

2) 에너지의 運動性과 相互作用

물리학의 관점에서, 우주만물의 모든 변화는 에너지의 고유 운동성과 에너지 입자들 간의 기본적 상호작용에 의해서 생겨난다. 에너지는 힘의 원천으로서 지속적으로 분산하는 고유 운동성을 가지고 있으며, 그러한 에너지 입자들 간에는 상호간 引力과 斥力의 근원적인 응취의 힘이 작용한다.

> 에너지는 자연 현상을 기술하는 데 사용되어 온 가장 중요한 개념들 중의 하나다. 일상생활에서와 같이 '어떤 물체가 일을 할 수 있는 능력'을 지니고 있을 때 우리는 그 물체가 에너지를 가지고 있다고 말한다. 이 에너지는 대단히 다양한 형태를 취할 수 있다. 그것은 운동에너지, 열에너지, 중력에너지, 전기에너지, 화학에너지 등등으로 될 수 있다. 그 형태가 무엇이든 그것은 '일을 하는 데 사용'될 수 있다.[26]

에너지라는 것은 기본적인 물리량의 하나인데, 물체나 물체계가 가지고 있는 '일[27]을 할 수 있는 능력'을 통틀어 이르는 말이다. 어

---

26) 프리초프 카프라 지음, 이성범·김용정 옮김, 『현대물리학과 동양사상』, 범양사출판부, 1998, 224~225쪽 참조.

떤 물체가 일을 할 수 있도록 하는 힘이 바로 에너지이다. 힘은 정지하고 있는 물체를 움직이게 하거나 움직이고 있는 물체의 속도를 변화시키거나 정지시키는 작용을 한다. 일을 하기 위해서는 힘이 필요하고 힘을 쓰기 위해서는 에너지가 필요하다. 힘은 운동 상태를 변화시켜 주는 원동력인데, 그 힘의 원천이 바로 에너지인 것이다.[28]

---

27) 일: 물체에 힘을 가하여 물체를 힘의 방향으로 일정한 거리만큼 움직였을 때 힘과 거리를 곱한 양.

28) 인간이 어떤 것에 일을 하면 그것은 한 일과 같은 양의 에너지를 얻은 것이 된다. 따라서 에너지의 단위는 일의 단위(joule, J)와 같다. 질량 m인 공을 수평으로 던지는 경우를 생각하자. 공이 손을 떠나기 전 거리 x만큼 이동하는 동안에 이 공에 일정한 힘 F가 작용하였다고 하자. 그 결과 공은 손에 있는 동안 정지상태($v0=0$)에서 시작하여 가속운동을 하게 되며 결국 손을 떠나는 순간에는 최종속도 vf에 도달하게 된다. 공을 던지는 과정에서 손이 한 일은 $W=F \cdot x$이고, 손이 공에 해 준 일의 결과로서 공이 얻은 에너지는 $KE=\frac{1}{2}mvf2$으로 주어진다. 이 에너지를 운동에너지[KE]라고 한다. 공에 해 준 일 W와 공이 얻은 운동에너지 KE는 같아야 한다. 즉

공에 해 준 일[W] = 공의 운동에너지[KE]
$$F \cdot x = \frac{1}{2}mv_f^2$$

일반적으로, 질량 m, 속도 v인 물체의 운동에너지는

$$KE = \frac{1}{2}mv^2$$

으로 주어진다.

즉 운동하는 물체는 정지해 있는 물체에 대하여 $\frac{1}{2}mv^2$만큼의 일을 수행할 수 있는 잠재력을 가지고 있다. 이 관계식[$F \cdot x = \frac{1}{2}mv_f^2$]은 위의 특별한 경우에 대해서뿐만 아니라, 다른 모든 경우에도 성립한다.

높이 h에서 질량 m인 돌을 떨어뜨리면 돌은 점점 빨리 떨어지다가 높이가 0인 지점에서 최고 속도에 도달하게 된다. 이것은 높이(또는 위치)에 관

에너지의 양에 의해 힘의 세기가 결정되고 힘의 세기에 의해 변화가 발생하는 것이므로 변화의 중심에는 에너지가 자리하고 있다.[29] 즉 에너지가 있다는 것은 물체에 일할 수 있는 잠재력이 있다는 것이고, 일을 한다는 것은 힘을 사용하여 물질상태의 변화를 일으킨다는 의미이다. 결국 에너지와 힘은 불가분한 관계로서, 에너지의 역동성이 구체적인 힘으로 발휘되어 상태변화를 일으키는 것이다.[30] 따라서 에너지는 일 또는 운동을 하도록 하는 변화의 원동력인 것이다.

물질의 아원자적 단위는 양면성을 띠는 매우 추상적인 실체다. 우리가 어떻게 보느냐에 따라 그것들은 때로는 입자로, 때로는 파동으로 나타난다. 이러한 이중성은 또한 전자기파 혹은 입자의 형태를

련된 에너지가 속도로 변화된 것이다. 이 위치에 관련된 에너지를 퍼텐셜에너지[PE]라고 부른다. 퍼텐셜에너지는 질량 m인 돌을 중력 mg에 거슬러 높이 h까지 들어 올리는 데 필요한 일과 같다. 즉

$$W = F \cdot x = mgh = PE$$

같은 높이 h에서 같은 돌이 떨어진다면 떨어지는 경로와는 상관없이 같은 양의 일을 할 수 있다. 따라서 이 돌의 퍼텐셜에너지는

$$PE = mgh$$

가 된다. 물체의 중력에 의한 퍼텐셜에너지는 기준면에 의존하며, 따라서 물체의 높이 h는 이 기준면에서부터 측정한다(정운혁·노태익 공저, 『에너지의 기초』, 동아대학교 출판부, 2006, 18~25쪽 참조).

29) 로버트 M. 헤이즌·제임스 트레필 지음, 이창희 옮김, 『과학의 열쇠』, 교양인, 2005, 27~33쪽 참조.

30) 피터 하만 지음, 김동원·김재영 옮김, 『에너지, 힘, 물질』, 성우, 2000, 69~70쪽 참조.

취하는 빛에 있어서도 드러난다. 물질과 빛의 이러한 성질은 매우 기묘한 것이다. 어떠한 것이 입자, 즉 매우 작은 영역 속에 국한된 실체며 동시에 파동, 즉 공간의 넓은 영역으로 뻗어 나가는 실체가 될 수 있다는 것이다. …… 이 모든 발전은 막스 플랑크가 열복사 에너지는 연속적으로 방출되는 것이 아니라 '에너지 다발들'의 형태로 나타난다는 것을 발견했을 때로부터 시작된 것이다. 아인슈타인은 이러한 에너지 다발을 '量子'라고 불렀으며, 이것을 자연의 근본적인 한 양상으로서 인정하였다.[31]

양자론에 의해 소립자의 특이한 성질이 발견되었다. 모든 에너지의 움직임은 연속적으로 방출되는 것이 아니라 양자라는 입자 형태로 관찰된다는 것과, 이 양자는 입자성과 파동성의 兩面性을 동시에 가지고 있다는 것이다. 이것은 에너지 입자가 파동 형태의 운동을 한다는 의미가 아니라, 입자로서의 실체를 가진 상태에서 그대로 파동으로서의 운동성을 띠고 있다는 것이다. 양자의 이러한 상반된 양상은 에너지의 본질적인 특성을 여실히 보여주고 있다. 입자성은 에너지 입자가 갖는 구체적인 실체성을, 파동성은 에너지 입자가 끊임없이 분산하도록 하는 잠재된 고유 운동성을 의미한다. 이것은 에너지에 대한 각종 실험을 통하여 얻어진 결과로서, 에너지의 고유 운동성을 명시하고 있다.

우주를 지배하는 기본적인 상호작용은 중력, 전자기력, 강한 핵력, 약한 핵력 등 네 가지이다. 중력은 질량이 있는 모든 것 사이에

---

31) 프리초프 카프라 지음, 이성범 · 김용정 옮김, 『현대물리학과 동양사상』, 범양사, 1998, 82~83쪽 참조.

작용하는 힘이고, 전자기력은 전하 사이에 작용하는 힘이다. 강한 핵력은 원자핵 내부의 양성자·중성자 등의 입자들 사이에 작용하는 힘이고, 약한 핵력은 방사능 붕괴와 전자·뮤온 등의 경립자들 사이에 작용하는 힘이다.

자연계에 존재하는 네 가지 힘을 세기의 순서로 나열하면 강한 핵력이 가장 강하고, 전자기력, 약한 핵력, 중력의 순이다. 그러나 중력과 전자기력은 도달 거리가 매우 긴 반면, 강한 핵력과 약한 핵력은 도달 거리가 매우 짧아서 핵을 이루는 입자들과 같이 매우 가까이에 있는 입자 사이에만 작용한다. 따라서 원자보다 작은 세계에서 일어나는 일은 강한 핵력과 약한 핵력의 지배를 받는 반면, 천체들의 움직임은 중력의 지배만을 받게 된다. 전자기력은 전하 사이에만 작용하기 때문에 전체적으로 중성인 천체의 움직임에는 작용하지 않는다. 가장 약한 힘이 가장 큰 세계를 움직이고 있는 것이다.[32]

기본적 상호작용이란, 우주만물이 서로에게 영향을 미치면서 변화를 일으키고 있는 고유한 네 가지 힘을 일컫는다. 중력은 질량이 있는 모든 것들 사이에 작용하는 引力이며, 전자기력은 전하를 띠는 것들 사이에 작용하는 힘으로서 같은 전하끼리는 斥力이 작용하고 다른 전하끼리는 引力이 작용한다. 핵력은 원자의 내부처럼 극히 좁은 영역에서 소립자들 사이에 작용하는 引力으로서, 양성자·중성자 등의 중립자들 사이에 작용하는 강한 핵력과 전자·뮤온 등의 경립자들 사이에 작용하는 약한 핵력의 두 가지가 있다. 이 가운데 같은 전하 사이의 척력을 제외하면, 나머지 모든 힘은 인력으로서 응취의 역할을 한다. 이러한 引力작용은 에너지 입자를 뭉쳐서 물질을 생성

---

32) 곽영직, 『물리학이 즐겁다』, 민음사, 1996, 109~110쪽 참조.

하는 데 결정적인 작용을 하는 것이다.

　　亞원자 세계의 탐구는 물질의 본래적인 역동적 본성을 밝혀 주었
다. 그것은 원자의 구성 요소들인 아원자적 입자들이 독립된 실체로
서 존재하는 것이 아니라 여러 상호작용들의 불가분한 網의 불가결
한 부분들로서 존재한다는 것을 보여주었다. 이러한 상호작용들은
입자들의 교환으로서의 그 자신을 나타내는 에너지의 그칠 줄 모르
는 유동을 포함하고 있다. 에너지 모형의 연속적인 변화를 통해 입
자들이 끝없이 생겨나고 소멸되는 역동적인 상호작용이다.[33]

　에너지가 한곳으로 모여들면 물질이 되고 물질이 흩어지면 다시
에너지 상태로 돌아가는데, 이러한 에너지의 취산작용이 바로 변화
이다. 에너지가 한곳으로 모이는 것은 바로 기본적 상호작용에 의한
引力 때문이고, 에너지가 사방으로 흩어지는 것은 끊임없이 움직이
는 에너지의 고유 운동성 때문이다. 그런데 여기서 중요한 것은 운
동성과 상호작용이 에너지에 잠재된 고유 성질이라는 데 있다. 에너
지는 운동변화를 일으키는 힘의 원천으로서 끊임없이 움직이는 고유
운동성을 가지고 있으며, 에너지 입자들 간의 인력과 척력은 우주가
생성되면서부터 작동되고 있는 기본적 상호작용인 것이다.

　우주는 一元의 에너지덩어리 상태에서 시작되었다. 온 우주에 가
득 차 있는 에너지는 고유 운동성과 기본적 상호작용이 있기 때문
에, 끊임없이 사방으로 분산하려는 경향도 있고 특정 공간에 응취하
려는 경향도 있다. 이 두 상반된 성향에 의하여 에너지가 취산함으

---

33) 프리초프 카프라 지음, 이성범·김용정 옮김, 『현대물리학과 동양사상』,
　　범양사, 1998, 249쪽 참조.

로 해서 물질의 생멸이 일어나고 있는 것이다. 결국 우주의 모든 존재와 변화는 에너지의 고유 운동성과 기본적 상호작용에 의해서 생겨나는 것이다.

변화는 바로 응취와 분산의 끊임없는 순환구조를 의미하는 것으로, 에너지의 고유 운동성과 기본적 상호작용은 바로 변화의 실질적인 요인인 것이다. 에너지가 引力에 의해 모이면 유형한 응취 상태인 물질이 되고, 물질이 운동성에 의해 점차 흩어지면 다시금 무형한 분산 상태인 에너지로 돌아가게 된다. 에너지는 고유 운동성에 의한 분산작용과 기본적 상호작용에 의한 응취작용이 순환구조의 틀을 유지하면서 우주자연의 끊임없는 변화를 일으키고 있는 것이다.

3. 氣에 의한 循環構造

1) 氣와 萬物의 循環構造

장횡거는 氣一元論을 통하여 우주만물의 존재와 변화를 氣에 의한 끊임없는 취산작용이라 주장하였다. 그러면 氣의 취산작용에 의해 생겨나는 太虛, 氣, 萬物의 순환구조에 대하여 알아보도록 하겠다. 허공은 아무것도 없는 텅 빈 공간이 아니라 무형한 氣가 가득 차 있는 태허이고, 만물은 본질적으로 별개의 존재들이 아니라 흩어져 있던 氣가 모여서 형성된 同質異形의 존재들이다.[34]

---

34) 『正蒙』「太和」: 造化所成, 無一物相肖者, 以是知萬物雖多, 其實一物.

태허는 氣가 없을 수 없고, 氣는 모여서 만물이 되지 않을 수 없으며, 만물은 흩어져 태허가 되지 않을 수 없다. 이 출입함을 순환하는 것이니, 이것은 모두 그칠 수 없어서 그렇게 되는 것이다.[35]

그는 핵심 개념인 태허, 氣, 만물의 순환구조를 부각시킴으로 해서 우주만물의 변화과정을 총체적으로 설명하였다. 태허는 氣가 무형한 상태로 분산되어 아직 형체를 이루지 않은 氣의 본체이다. 氣는 무형의 본연 상태인 태허와 유형의 응취 상태인 만물을 하나로 아우르는 일원적 실체이다. 만물은 태허 상태의 氣가 응취되어 생성되었다가, 소임을 다하면 소멸되어 분산됨으로 해서 다시금 태허라는 氣의 본연 상태로 돌아가는 존재이다. 결국 태허, 氣, 만물은 모두 氣의 취산작용에 의한 상태변화의 차이일 뿐, 본질적으로는 동일한 氣인 것이다.

얼핏 이 세 가지 개념은 '태허 ⇌ 氣 ⇌ 만물'의 三段 구조를 이루는 것으로 보이지만, 태허와 氣의 관계를 자세히 살펴보면 그렇지 않다는 것을 알 수 있다. 장횡거는 태허가 모여서 氣가 된다거나 氣가 흩어져서 태허가 된다고는 말하지 않고, 다만 태허는 만물이 흩어진 무형한 분산 상태로서 氣의 본체라고만 하였다. 이 말은 태허가 변해야 氣가 된다거나 氣가 변해야 태허가 된다는 상태변화를 의미하는 것이 아니라, 氣의 본연 상태가 곧 태허라는 것을 의미한다. 氣의 응취작용은 무형한 본연 상태[태허]에서 일어나며, 氣의 분산작용은 유형한 응취 상태[만물]에서 일어난다.

---

35) 『正蒙』「太和」: 太虛不能無氣, 氣不能不聚而爲萬物, 萬物不能不散而爲太虛. 循是出入, 是皆不得已而然也.

결국 태허와 氣의 관계는 취산의 상태변화가 필요치 않은 동일한 상태에 대한 두 가지 명칭인 것이다. 그렇다면 이렇게 명칭을 달리한 까닭은 무엇인가? 그것은 氣의 상태를 좀 더 구체적으로 부각시키기 위함이다. 그리하여 태허는 氣의 무형한 본연 상태임을, 氣는 변화를 주도하는 일원적 실체임을 강조한 것이다. 氣의 본연 상태는 태허이다. 태허 상태의 氣가 모여서 만물이 되었다가 흩어져서 다시금 본래의 태허 상태로 돌아가는 氣의 취산작용을 강조하기 위한 개념구분이다.

그렇기 때문에 태허는 무형한 氣의 본체라 말한 것이고, 무형한 본연 상태의 氣가 가득 차 있는 것이 태허이기 때문에 태허에는 氣가 없을 수 없다고 말한 것이다. 氣가 흩어져야 태허가 되는 것이 아니라 무형한 본연[분산] 상태의 氣가 바로 태허인 것이다. 따라서 태허와 氣의 관계는 '태허 ⇌ 氣'의 취산구조가 아니라, '태허 = 氣'의 동일한 것에 대한 다른 명칭으로 파악해야 한다.

만물이 형성되는 생성과정에 대해서는 氣의 일원적 실체로서의 측면을 부각시키기 위하여 '氣 → 만물'이라 하였고, 만물이 사라지는 소멸과정에 대해서는 氣의 무형한 본연 상태로서의 측면을 부각시키기 위하여 '만물 → 태허'라고 한 것이다. 결국 태허 상태의 무형한 氣가 모여서 응취 상태인 만물이 되었다가, 다시금 흩어져서 분산 상태이 무형한 氣로 돌아가는 '태허[본연 상태] = 氣[분산 상태] ⇌ 만물[응취 상태]'이라는 두 가지 상태변화의 二段 구조를 의미한다.

따라서 우주만물은 氣가 음양의 조화를 통하여 유형한 응취 상태와 무형한 분산 상태를 반복하면서 변화하고 있는 양상이다. 우주의 역동적인 변화과정에서, 氣의 응취 상태인 만물은 영원히 결합되어 있는 것이 아니라 점차 분산되어 태허 상태의 氣로 돌아갔다가 다시금 응취되어 만물을 형성하게 되는 취산의 순환구조를 가지고 있는 것이다. 이렇듯 장횡거의 氣일원론은 태허 상태인 무형한 氣가 취산작용을 함으로 해서 응취 상태인 유형한 만물의 생멸을 일으키고 있는 '氣⇌만물'의 끊임없는 순환구조를 통하여 천지우주의 모든 변화를 설명하고 있는 것이다.

2) 에너지와 物質의 循環構造

물리학에서 우주만물의 변화는 에너지와 물질의 순환구조를 통하여 설명할 수 있다. 다만 이 순환구조는 용수철형 순환구조로서 최종적 지향점을 가지고 있다. 에너지와 물질의 관계는 에너지-질량 등가원리에 의하여 더 이상 별개의 개념으로 존재할 수 없게 되었다. 물질이라는 것은 어떤 기본적 단위실체가 별도로 존재하는 것이 아니라 에너지가 뭉쳐져 있는 어떤 상태라는 것이다. 그리하여 질량을 가진 모든 물질은 에너지의 산물임이 밝혀지게 되었다.

따라서 우주만물은 혼연 상태의 에너지가 응취되어 유형한 물질을 이루었다가 소멸되어 다시금 분산 상태의 에너지로 되돌아가는 '에너지⇌물질'이라는 상호호환의 순환구조를 가지고 있다. 그러나 물리학에서 이러한 에너지와 물질의 순환구조는 局地的인 측면과 全體的인 측면으로 나누어 이해해야 한다. 현 우주는 전체적으로 '에너지→물질'이라는 응취과정의 흐름 속에서 국지적으로 '물질→에너지'라는 분산과정이 끊임없이 일어나고 있는 상황이다.[36]

대폭발과 함께 에너지들이 사방으로 퍼져 나가면서 시작된 현 우주는 점차 온도가 내려가면서 에너지의 운동성은 감소하고, 상대적으로 에너지들 간의 상호작용은 점차 증가하면서 에너지 입자들이 응취되어 마침내 물질을 생성하게 되었다. 이러한 응취과정은 엔트로피 증가법칙에 따라 열적 평형 상태에 이르기까지 지속되는 현 우주의 전반적인 변화의 흐름이다. 반면에, 별의 핵반응[37]에 의한 에너지의 분산, 생명활동에 의한 물질의 에너지 변환, 인간의 에너지원 활용 등 국한된 영역에서 분산과정이 일어나고 있다.

분산과정이 가장 활발하게 일어나고 있는 것은 별이다. 우주공간의 먼지들이 만유인력에 의해 한 점으로 뭉치기 시작하면 입자들의 충돌로 인해 내부의 온도가 올라가고, 한번 뭉치기 시작하면 중력이 점점 증가하여 더욱 높은 밀도로 뭉치게 된다. 그러면 내부에서는 핵융합 반응이 일어나 에너지가 생성되어 빛을 내게 되는데 이것이 바로 별에 의한 대표적인 분산과정이다. 별은 기본적으로 원소들 가운데 가장 가벼운 수소를 가지고 핵융합반응을 일으킨다.

별 내부의 온도가 1천만 도 이상 올라가면, 수소가 결합하여 헬륨을 만드는 수소 핵융합반응이 일어나면서 에너지를 방출한다. 수소 핵융합반응으로 헬륨이 만들어지고, 수소를 소진하면 헬륨으로 다시 핵융합반응을 한다. 그리하여 별 내부가 가장 안정된 철 원자핵으로 바뀔 때까지 응축과 핵융합 반응을 계속한다.[38]

---

36) 이시우, 『별과 인간의 일생』, 신구문화사, 1999, 47쪽 참조.

37) 핵분열 반응은 질량이 무거운 원자핵이 분열하여 가벼운 원자핵으로 되는 핵반응이고, 핵융합 반응은 질량이 가벼운 원자핵이 고온・고압에서 결합하여 무거운 원자핵으로 되는 핵반응이다(리처드 파인만 지음, 박병철 옮김, 『파인만의 또 다른 물리 이야기』, 승산, 2003, 132쪽 참조).

38) 이케우치 사토루 지음, 김수진 옮김, 『우리가 알아야 할 우주의 모든

그러다가 최종에 이르면, 별은 중력에 의한 압력으로 전자와 양성자가 없어지고 중성자가 만들어지는 격렬한 반응이 일어나 엄청난 양의 에너지를 일순간에 방출하는 초신성이 된다. 초신성은 폭발하면서 내부의 중성자만으로 구성된 중성자별이 된다. 중력이 점점 증가하여 극도로 응축된 초고밀도의 상태가 되면 빛마저도 탈출할 수 없는 엄청난 중력을 가진 천체가 되는데, 이것이 별의 마지막 단계인 '블랙홀'이다.[39] 이처럼 별은 생을 마칠 때까지 끊임없는 핵융합 반응을 통해 에너지를 방출하는 '물질 → 에너지'의 분산과정을 지속하고 있는 것이다.

현 우주의 전반적인 응취과정을 설명해 주는 대표적인 법칙은 열역학 법칙인 에너지 보존법칙[제1법칙]과 엔트로피 증가법칙[제2법칙]이다.

열역학 제1법칙은 열은 에너지의 일종으로, 열을 포함한 모든 에너지는 만들거나 없앨 수가 없으며 늘거나 줄어들지 않는다는 에너지 보존법칙이다. 에너지는 그 형태는 다양하여 전기에너지, 빛에너지, 열에너지, 운동에너지 등 각양각색으로 나타나고 변해 가지만 결코 없던 것이 생겨나거나 있던 것이 사라지는 일은 없다. 그렇다면 에너지가 고갈되어 가는 이유는 무엇인가? 그것에 대한 것이 바로 열역학 제2법칙인 엔트로피 증가법칙이다. 에너지가 형태를 변화시킬 때, 양적으로는 불변이지만 질적인 변화는 발생하게 된다. 쉽게 말하면 휘발유가 타 버린 배기가스는 휘발유와 같은 물질적 성분과 에너지를 갖고 있지만 그 일할 수 있는 잠재적 능력이 없어

_____

것』, 아세아미디어, 2002, 91~92쪽 참조.
39) 곽영직, 『물리학이 즐겁다』, 민음사, 1996, 170~174쪽 참조.

진 무능한 에너지로 변해 버린 것이다. 엔트로피의 증가는 에너지의 질이 떨어졌음을 의미하는 것으로, 물리계가 갖고 있는 질서의 정도가 떨어진 것을 의미한다. 즉 이 세상은 변화가 일어날 때마다 총체적 엔트로피가 증가하는 방향으로 전개됨으로 해서 점점 무질서해지는 방향으로 진행한다고 말할 수 있겠다.[40]

열은 어떤 물질의 원자들이 지니고 있는 운동 및 잠재 에너지의 합계이다.[41] 따라서 열이 있다는 것은 에너지 활동이 잠재되어 있다는 뜻이다. 이처럼 열과 에너지는 밀접한 관계를 가지고 있다. 에너지를 가지고 있거나 에너지의 변화가 발생할 때 모든 것은 항상 열을 동반한다. 열역학 제1법칙에 의하면, 에너지는 고립계에서 질적인 상태 변환은 가능하지만 양적인 증감은 불가능하다. 현 우주는 하나의 거대한 고립계로서, 에너지는 거대한 우주의 틀에서 끊임없이 변화를 일으키면서도 영원히 보존되고 있는 것이다.[42]

---

40) 소광섭, 『물리학과 대승기신론』, 서울대학교출판부, 1999, 18~19쪽 참조.
41) 로버트 M. 헤이즌·제임스 트레필 지음, 이창희 옮김, 『과학의 열쇠』, 교양인, 2005, 57쪽 참조.
42) 고립계에서 에너지의 양은 일정하게 고정되어 있다. 즉 에너지는 어떤 고립계 내에서 새로 생기거나 없어지는 일이 없다. 그러므로 에너지를 아무리 사용한다고 해도 에너지는 결코 다 써버려 없어지는 일은 없다. 다만 한 형태의 에너지로부터 다른 형태의 에너지로 변환될 따름이다. 우리가 음식물을 섭취하여 힘을 얻고 활동하는 일상생활을 예로 들면, 신체 내에서 화학에너지[음식물]가 역학적 에너지[운동]와 열에너지[열]로 전환되는 과정이라고 볼 수 있다.
　　인간이 에너지를 관리하고 사용하는 것은 에너지를 한 형태로부터 다른 형태로 전환하는 것이지 결코 에너지를 소멸시키는 것은 아니다. 전환 과정에서 에너지가 어떻게 허비되는가를 보기 위해서 한 사람이 자

에너지의 보존은 양적인 불변을 담보할 뿐이어서, 에너지는 질적
으로 끊임없이 변화하고 있다. 에너지는 고유 운동성에 의한 분산력
과 기본적 상호작용에 의한 응취력을 함께 가지고 있다. 운동성이

전거를 타고 가는 경우를 생각하자. 자전거를 타는 동안 운전자의 몸은
자전거 페달을 밀어 밟음으로써 화학에너지를 역학적 에너지로 전환한
다. 그러나 화학에너지의 어느 정도는 열에너지로 변환되기도 한다. 이
열은 운전자의 피부를 통해서 몸 밖으로 빠져나간다. 이 열은 자전거를
움직이는 데 사용할 수 없다. 또 열의 일부는 자전거의 운동부품들 사이
에서 또는 자전거와 공기 사이에서도 마찰을 통해서 발생한다. 이것은
에너지효율과 관련된 것이다.

에너지 보존을 관찰하기 위해서 한 역학계로서 단진자의 운동을 생각해
보자. 역학계의 총 역학적 에너지[E]는 퍼텐셜에너지[PE]와 운동에너지[KE]의
합으로 주어진다. 또 총 역학적 에너지는 항상 일정하게 보존된다.

$$E = PE + KE : 일정$$

진자가 진동하는 동안 총 역학적 에너지를 일정하게 유지하기 위해서 진
자는 최고 지점에서 속도가 0이 되면서[KE=0] 총 역학적 에너지는 퍼텐셜
에너지와 같게 되며[E=PE], 최저 지점에서 높이가 0이 되면서 총 역학적
에너지는 운동에너지와 같게 된다. 즉 외부로부터 단진자계에 일을 해 주는
힘이 없으면, 계의 총 역학적 에너지는 일정하게 유지된다.

최고 지점에서:

$$KE = \tfrac{1}{2}mv^2 = 0(속도[v]=0), \quad PE = mgh = E(높이[h]=최대)$$

최저 지점에서:

$$KE = \tfrac{1}{2}mv^2 = E(속도[v]=최대), \quad PE = mgh = 0(높이[h]=0)$$

단진자의 궤적 어느 지점에서나 운동에너지[KE]와 퍼텐셜에너지[PE]의
합인 총 역학적 에너지[E]가 일정하게 유지된다는 것은 에너지 보존의 단면
을 보여주는 간단한 실례라 할 수 있는 것이다(정운혁·노태익 공저, 『에너
지의 기초』, 동아대학교 출판부, 2006, 26~27쪽 참조).

감소하면서 에너지는 응취력에 의해 뭉쳐져서 물질을 형성하게 된다. 즉 에너지가 일할 수 있는 잠재적 능력을 상실한다는 것은 고유 운동성이 줄어들면서 응취력에 의해 물질상태로 변화한다는 것이다. 이처럼 에너지가 잠재적 능력을 소진하여 무능한 상태로 변화해 가는 것이 바로 엔트로피 증가법칙이다. 현 우주가 갖고 있는 에너지의 운동성이 점차 감소하면서 전체적으로 역동성이 줄어들어 지극히 무질서한 평형 상태로 진행해 감을 의미한다.

엔트로피는 원래 열 현상을 설명하기 위해 제시된 개념으로, 열은 자연 상태에서 항상 고온에서 저온으로의 일방적인 지향성을 가지고 있다. 그렇기 때문에 전체적인 온도의 균형이 이루어지면 활동을 멈추게 되는데, 이것이 바로 열적 평형 상태이다. 결국 현 우수에서 역동적인 움직임은 고온과 저온의 구분이 없어지는 열적 평형 상태를 이룰 때까지 계속해서 진행될 것이다. 이러한 열의 일방적인 움직임에 의하여 변화의 일방적인 지향성이 생겨나게 되는데, 이것이 바로 시간의 일방성을 만드는 요인이 된다.[43]

이러한 일방적 지향성은 곧바로 에너지에 있어서의 질적 변화의 일방성으로 이어진다. 우주의 모든 에너지는 점차 운동성이 감소되어 마침내 우주 전체는 극도로 무질서한 열적 평형 상태에 도달할 것이니, 이 열적 평형 상태가 바로 '에너지 → 물질'이라는 응취과정의 종착점인 것이다. 이것이 물리학에서 말하는 局地的인 측면과 巨視的인 측면에서의 '에너지 ⇄ 물질'의 순환구조인 것이다.

---

43) 곽영직, 『물리학이 즐겁다』, 민음사, 1996, 122쪽 참조.

V

理氣二元論의 物理學的 探究

1. 本質에 대한 理解

1) 理의 意味

宋代에는 궁극적 본질에 대한 심도 있는 논의가 본격화되었고, 그 중심에는 성리학이 있었다. 주렴계는 태극을 우주만물의 시원인 동시에 천지를 하나로 아우르는 본체라고 하는 태극론을 주장하였고, 장횡거는 태극의 자리에 氣라고 하는 보다 구체적인 개념을 대치함으로 해서 우주만물의 일원적 실체의 문제를 혼용한 一氣로 파악한 기일원론을 주장하였다. 그러면서 서서히 성리학의 핵심개념인 이기론은 그 초석을 마련하기에 이르렀다.

그러나 이러한 궁극의 문제에 理가 우주만물의 근원적 이치로서 구체적으로 부각되기 시작한 것은 정이천에 의해서이다. 그가 형이하의 氣라는 실체적 개념과는 엄격히 구별되는 형이상의 理라는 초월적 개념에 주목하면서, 비로소 이기론의 방대한 체계는 그 틀을 갖추게 된 것이다. 『周易』, 「繫辭傳」의 "형이상인[형상을 초월한] 것을 道라 이르고, 형이하인[형상을 이루는] 것을 器라 이른다."[1]라는 명제를 사상적 근거로 삼아 형이상의 道와 형이하의 器라고 하는 이원적 세계관을 정립하게 되었다. 그는 道의 개념에 대하여 다음과 같이 구체적으로 언급히었다.

---

1) 『周易』 「繫辭傳」: 形而上者謂之道, 形而下者謂之器.

한 번 陰하고 한 번 陽하는 것을 일러 道라 한다. 道는 음양이
아니다. 한 번 陰하고 한 번 陽하는 所以가 道이다.[2]

이것은 『周易』, 「繫辭傳」의 "한 번 陰하고 한 번 陽하는 것을 일
러 道라 한다."[3]라는 말에 대한 정이천의 해석이다. 그는 변화의 두
가지 양태인 음양하는 實體와 구별되는 원인자로서의 道를 강조함
으로 해서 道와 음양의 본질적 차이를 부각시켰다. 음양하는 변화실
체와 그 변화를 가능하도록 하는 所以의 차이를 지적한 것이다. 한
번 陰하고 한 번 陽하는 구체적인 상태변화의 실체는 형이하인 器
의 차원, 한 번 陰이 되도록 하고 한 번 陽이 되도록 하는 변화의
所以[원인·이유], 즉 변화의 원인자는 형이상인 道의 차원으로 보
았다. 이처럼 道와 器를 형이상과 형이하의 차원으로 엄밀하게 구분
하여 해석하고, 여기서 道의 자리에는 理, 器의 자리에는 氣를 대치
함으로 해서 氣에 내재되어 있는 근원적 이치로서의 理를 강조하는
이기이원론을 주장한 것이다. 이러한 원인자로서의 理 개념은 주회
암에 의하여 더욱 강조되었다.

천하의 物에 이르러서는 반드시 각각 所以然의 연고와 所當然의
법칙이 있으니, 이른바 理인 것이다.[4]

여기서 주회암은 理의 핵심개념인 '所以然'의 연고와 '所當然'의

---

2) 『二程集』『遺書』卷3: 一陰一陽之謂道. 道非陰陽也, 所以一陰一陽, 道也.

3) 『周易』「繫辭傳」: 一陰一陽之謂道.

4) 『大學或問』: 至於天下之物, 則必各有所以然之故與所當然之則, 所謂理也.

법칙을 언급하였다. 소이연은 어떠한 것이 그렇게 되도록 하는 원인·이유를 의미하는 말로서 '우주만물의 존재와 변화를 가능하도록 하는 이치'에 대한 표현이고, 소당연은 어떠한 것이 마땅히 그렇게 되어야 한다는 법칙을 의미하는 말로서 특히 '인간 행위의 당위성'에 대한 표현이다. 여기서 소당연은 결국 인간이 인간이도록 하는 소이연의 문제를 인간의 입장에서 좀 더 구체적으로 언급한 말이라 할 수 있다. 인간으로서 마땅히 그렇게 해야 한다는 인간의 도덕적 가치문제를 부각시키기 위한 것으로 본다면, 理의 문제는 소이연이라는 보다 근원적이고 포괄적인 개념에 초점을 맞추어야 할 것이다.

理는 우주만물이 우주만물이도록 하는 所以然이다. 구체적으로 드러난 '그러한 것[所然]'은 형이하의 氣 차원이고, 추상적으로 내재된 '그렇게 되도록 하는 것[所以然]'은 형이상의 理 차원이라는 것이다.[5] 결국 모든 존재와 변화는 구체적으로 그렇게 드러나는 所然인 氣, 그리고 그 속에 내재되어 그렇게 되도록 하는 所以然인 理라고 하는 형이하와 형이상의 이원적 차원으로 나뉘어 있다는 것이다. 물론 이러한 구분은 구체적인 실질의 문제가 아니라, 추상적인 개념상의 문제이다.

소연인 氣는 직접적으로 감지할 수 있는 형이하의 실체이기 때문에 굳이 강조하지 않아도 누구나 어렵지 않게 그 존재를 인식할 수 있다. 그러나 소이연이 理는 氣이 존재의 변화를 가능하도록 하는 초월적이고 非감각적인 형이상의 원인자이기 때문에 심도 있는 의식작용이 발휘되지 않으면 인식이 불가능한 개념이다. 구체적이고 감

---

5) 『朱子大全』卷58「答黃道夫」: 天地之間, 有理有氣. 理也者, 形而上之道也, 生物之本也. 氣也者, 形而下之器也, 生物之具也.

각적인 세상[소연]의 裏面에서 끊임없이 작용하고 있는 근원적 이치[소이연]는 감각작용에 의한 단순인식의 과정이 아니라, 내면적·철학적 통찰에 의한 깨달음의 과정을 통하여야만이 온전히 인식될 수 있는 것인데, 이것을 豁然貫通이라 한다.

　　이른바 앎을 극진히 한다는 것이 物에 이르는 데에 있다는 것은 나의 앎을 극진히 하고자 하는 것은 物에 나아가 그 이치를 궁구하는 데 있다는 것을 말한다. 대개 人心의 영명함은 앎이 있지 않음이 없고 천하의 物은 이치가 있지 않음이 없으나, 오직 이치에 대하여 아직 궁구하지 못한 것이 있기 때문에 그 앎이 다하지 않음이 있는 것이다. 이 때문에 대학에서 처음 가르칠 때, 반드시 배우는 자들로 하여금 모든 천하의 物에 나아가 그 이미 알고 있는 이치를 인하여 그것을 더욱 궁구하여서 이로써 그 극처에 이르기를 구하지 않음이 없도록 하였다. 힘을 씀이 오래됨에 이르러 하루아침에 활연하게 이치를 관통하게 된다면, 모든 物의 表裏와 精粗가 이르지 않음이 없고 내 마음의 온전한 본체와 큰 작용이 밝아지지 않음이 없을 것이다.[6]

　이것은 주회암이 정이천의 말을 인용하여 『大學』의 '格物致知' 장을 해석한 것이다. 우주만물의 이치를 알기 위해서는 사사물물에 나아가 그 이치를 궁구해야 한다. 인간의 마음작용은 모든 것을 알 수

---

6) 『大學』「傳5章」: 所謂致知在格物者, 言欲致吾之知, 在卽物而窮其理也. 蓋人心之靈莫不有知, 而天下之物莫不有理, 惟於理有未窮, 故其知有不盡也. 是以大學始敎, 必使學者卽凡天下之物, 莫不因其已知之理而益窮之, 以求至乎其極. 至於用力之久, 而一旦豁然貫通焉, 則衆物之表裏精粗無不到, 而吾心之全體大用無不明矣.

있는 능력이 있고, 모든 사물에는 그 소이연으로서의 이치가 있다. 그러나 모든 것의 이치를 궁구한다는 것은 사실상 불가능한 일이다. 그렇지만 인간의 마음은 이미 알고 있는 이치를 바탕으로 심층적·지속적으로 궁구하다 보면 어느 순간 모든 이치를 하나로 관통하게 되는 인식작용의 확장, 즉 깨달음의 경지에 도달할 수 있게 된다. 따라서 격물치지는 객관적 인식단계로서 앎의 양적 변화과정인 것이고, 활연관통은 주관적 인식작용의 확장단계로서 격물치지의 과정을 거쳐 일순간 깨달음을 얻게 되는 앎의 질적 변화과정인 것이다.

이처럼 근원적 이치의 문제는 非물질적이고 非감각적인 형이상의 가치문제이므로, 주관적 인식의 확장작용, 즉 깨달음의 과정이라는 질적 변화가 필요한 것이다. 근원적 이치를 궁구하면서 이러한 확고한 주관적 자각의 단계를 간과하게 된다면, 형이상의 가치를 파악한다는 것은 불가능한 일이 되고 만다. 그렇게 되면 그 존재성을 망각 또는 부정하게 될 것이고, 인간은 점차 구체적이고 감각적인 가치에만 몰두하게 되어 형이하의 물질세계만을 알아가는 양적 변화과정에 머물러 있게 될 것이다.

형이상의 이치를 간과한다는 것은 결국 만물일체의 보편적 가치를 상실하게 되는 결과를 낳게 될 것이고, 그렇게 됨으로 해서 인간의 삶은 서로 분열되고 대립하는 고달픈 삶, 내면의 근본은 버려두고 외형의 말단만을 고집하는 편협하고 천박한 삶으로 변모해 버릴 것이다. 우주는 유기적 관계구조이므로, 인간은 그 일원으로서 조화로운 삶을 살아가야 하는 당위성[所當然之則]을 가지고 있다. 그럼에도 불구하고 그 보편적 가치를 망각하게 됨으로 해서 개체로서의 틀에 갇혀버린 물질적·육체적인 고립된 존재, 非인간적인 존재로 전락해 버리는 것이다.

혼융한 一氣에서 시작된 천지우주의 모습은 자칫 형이하의 실체에 뒤섞여 버림으로 해서 형이상의 이치, 인간의 정신 등의 추상적 가치마저도 물질적이고 육체적인 차원으로 전락해 버릴 수 있다. 이러한 氣일원론에 대한 曲解의 위험성을 근절하고 그 진정한 가치를 깨닫게 하기 위해서는 내재된 이치의 작용성[소이연]과 인간의 본연성[소당연]이라는 非감각적이고 非물질적인 형이상의 가치를 강조하지 않을 수 없었다. 따라서 우주만물의 일원적 실체인 氣에 대하여 그 근원적 이치인 理 개념을 부각시킨 것이 바로 理氣이원론인 것이다.

이렇듯 주회암은 理와 氣의 엄격한 이원적 구조를 확고히 함으로 해서 현실에 드러나는 감각적인 氣의 모습 속에서 내재적이고 초월적인 理의 절대적 가치를 강조하고자 하였다. 理는 천지우주가 존재하고 변화하도록 하는 근원적 이치이며, 인간이 인간다울 수 있도록 하는 당위법칙이다. 이 理의 작용성에 의하여 천지우주라는 거대한 하나의 틀 속에 인간을 포함한 만물들은 다양한 형태와 특성으로 그만큼 다양한 삶을 살아가고 있는 것이다.

그렇다면 理는 천지우주라는 거대한 全一性과 만물이라는 多樣性 사이에서 어떻게 작용하는가? 理는 과연 하나인가, 아니면 무수히 많은가? 이러한 理의 특성을 가장 잘 드러내고 있는 말이 '理一分殊'이다. 이것은 "理는 하나인데 나뉘어 달라지도록 한다."는 정이천의 유명한 말이다. 이 말을 근거로 하여 주회암은 하나의 보편적 理의 작용성과 다양한 개별적 理의 작용성에 대하여 설명하였다.

伊川의 말씀이 참으로 좋으니, "理는 하나인데 나뉘어 달라지도록 한다."라고 말씀하셨다. 천지만물을 합하여 말한다면, 다만 하나의 理일 뿐이다. 사람에게 있는 것에 미친다면, 또한 각각 스스로 하나의 理가 있는 것이다.7)

物마다 각각 理가 있으나, 총체적으로는 다만 하나의 理일 뿐이다.8)

여기서 주회암은 理一分殊에 대하여 구체적으로 언급하고 있다. 理라는 것은 개개의 사물에 대해 개별적으로 드러나는 理들로서, 그리고 이들을 한데 아우르는 하나의 理로서 작용한다. 즉 세상의 모든 물체와 현상은 각각 그것의 개별적 理가 있는데, 결국 이들 개별적 理들은 모두 순一한 理의 발현이라는 것이다.9) 천지만물이라는 거대한 하나의 틀에는 그 소이연으로서 전일한 理가 작용하니, 이것을 '理一'이라 하였고, 사물들에는 개개에 대한 소이연으로서 理가 작용하니, 이것을 '分殊'라 하였다.

그러나 이 '分殊'라는 것은 理가 실제로 만물의 수만큼 일일이 나누어져서 개개의 理로 따로 구분되는 것이 아니라, 전일한 理가 우주 전반에 골고루 작용하면서 만물 각각의 존재와 변화에 따라 다양하게 드러나는 것이다. 理는 형이상의 추상적 이치이기 때문에 형이하의 구체적 물질의 차원으로 이해해서는 안 된다. 자신은 변하지 않으면서 다른 것들을 변화시키고, 자신은 전일한 상태를 유지한 채

---

7) 『朱子語類』卷1「理氣上」: 伊川說得好, 曰 理一分殊. 合天地萬物而言, 只是一箇理. 及在人, 則又各自有一箇理.
8) 『朱子語類』卷94「周子之書」: 物物各有理, 總只是一箇理.
9) 김영식 지음, 『주희의 자연철학』, 예문서원, 2005, 45쪽 참조.

로 다른 것들의 전일함과 다양함을 가능하도록 작용하는 것이 바로 형이상의 이치[理]인 것이다.

　　본래 다만 하나의 태극일 뿐인데, 만물은 각각 품부받은 것이 있어서 또한 스스로 각각 하나의 태극을 온전히 갖추고 있을 뿐이다. 예컨대, 달은 하늘에 있어서 다만 하나일 뿐이니, 흩어져 강과 호수에 있게 됨에 미쳐서는 곧 곳에 따라 나타나지만 달이 이미 나뉜 것이라고 일컬을 수는 없다.[10]

　　주회암은 태극과 理를 동일시하므로 이 문장에서의 태극은 理를 의미한다. 그는 여기서 理를 달에 비유하였다. 밤하늘의 달이 온갖 강과 호수에 비치어 수많은 달의 모습을 드러내지만, 물에 비친 개개의 달은 하늘에 있는 달이 조각조각 나뉘어 비치는 것이 아니라 하늘의 달 그대로가 온전히 비치고 있는 것이다. 하늘의 달이 온전한 하나의 모습을 유지한 채로 어느 곳에나 온전히 비치는 것처럼, 하나의 理는 인간에 대해서는 인간이도록 하는 소이연으로서, 태양에 대해서는 태양이도록 하는 소이연으로서, 천지우주에 대해서는 천지우주이도록 하는 소이연으로서 골고루 작용하고 있는 것이다.

　　대소, 顯微, 생물과 무생물, 전체와 개체 등 그 형이하의 구체적 실체가 가지는 어떠한 차이에 대해서도 理의 전일함은 변함이 없으며, 이 전일한 理가 우주만물에 골고루 작용함으로 해서 존재와 변화의 전체적 전일함과 개체적 다양함을 가능하게 한다. 전일한 理의

---

10) 『朱子語類』卷94「周子之書」: 本只是一太極, 而萬物各有稟受, 又自各全具一太極爾. 如月在天, 只一而已, 及散在江湖, 則隨處而見, 不可謂月已分也.

작용성이 그대로 각각의 개체들에게 온전하게 드러나고 있는 것이다. 이것은 理의 초월적인 불변성과 절대적인 순수성을 주장함에 있어서 대단히 중요한 개념이다. 따라서 理一分殊라는 말은 완전한 하나이면서 천지만물의 전일함과 다양함을 동시에 주재하고 있는 理의 오묘한 작용성을 표현한 것이다.

> 만물의 一原을 논한다면, 理는 같고 氣는 다르다. 만물의 異體들을 관찰한다면, 氣는 오히려 서로 가깝고 理는 절대로 같지 않다.[11]

이 문장에서 주회암은 理氣의 同異문제를 논의하였는데, 理氣에 대한 가치론적 입장이 잘 드러나 있다. 우선 理의 동이문제를 살펴보도록 하겠다. 만물의 一原을 논의함에 있어서는 理가 같고, 만물의 異體를 관찰함에 있어서는 理가 절대 같지 않다고 하였는데, 이것은 理一分殊의 논리를 적용하여 理의 작용성이 구체적으로 어떻게 드러나는지에 초점을 맞추고 있는 것이다. 전일한 理가 작용함에, 만물의 一原에서는 전체적으로 동일하게 드러나므로 '理同'이라 하였고, 만물의 異體들에서는 개개의 형태와 특성에 따라 다르게 드러나므로 '理絶不同'이라 하였다. 천지만물의 본질적 가치를 형이상의 理에 두고서 만물의 동질성과 개별성을 가능하도록 하는 소이연인 理의 작용성을 강조한 말이다.

그는 하나의 理를 주장하면서도 동시에 현실적으로 드러나는 개개의 차이를 유발하는 원인자로서의 理의 측면을 간과할 수 없었다.

---

11) 『朱子語類』卷4「性理一」: 論萬物之一原, 則理同而氣異. 觀萬物之異體, 則氣猶相近, 而理絶不同.

만물의 근원적 일체의 입장에서 본다면, 理는 천지의 유행에 한결같이 작용하는 이치이므로 만물을 하나로 아우르는 理의 작용성은 모두 똑같지만[理同], 만물들의 구체적인 개개의 입장에서 본다면, 理는 物의 청탁과 昏明 등의 차이를 결정하는 이치이므로 그 개개에 있어서 理의 작용성은 절대로 같을 수 없다[理異]는 것이다.

그렇지만 여기서의 同異는 작용성이 구체적으로 드러난 측면에 대하여 말하려는 것이지, 본질적으로 理 자체가 달라짐을 주장하는 것이 아니다. 理는 본래 완전한 하나의 이치로서, 존재나 상황에 맞도록 작용함으로 해서 다양한 만물의 변화를 가능하도록 하고 있는 불변의 소이연자인 것이다.

2) 客觀的 實證의 限界

물리학은 관찰과 실험을 통하여 물질의 본질과 우주자연의 原理를 알아내고자 하는 학문이다. 우주자연에 대한 인간의 관심이 지속되면서 많은 법칙과 이론들이 정립되었고, 이를 통하여 우주에 관한 많은 사실을 알아낼 수 있었다.

에너지–질량 등가원리는 인간을 포함한 우주만물의 일원적 실체가 에너지라는 사실을 알려주었고, 에너지 보존법칙은 현재의 우주가 언제나 에너지의 총량을 유지한 채 취산하면서 존재·변화하고 있는 하나의 거대한 고립계라는 것을 알려주었다. 양성자·중성자·전자의 數的 차이에 의해 화학적 특성을 달리하는 100여 종의 원소가 생성되었고,12) 이 원소들의 화학적 결합의 차이에 의해 크기와 형태, 특성을 달리하는 다양한 물질세계가 형성되었다는 것은 만물의 근원적 동질성을 구체적으로 입증해 주었다.[13] 엔트로피 증가법칙은 에너지의 질적 저하에 따른 우주 변화의 일방적 지향성과 시간의 일방성을 알려주었고, 빅뱅설은 우주가 혼융한 에너지덩어리 상태에서 시작되었다고 하는 우주만물의 유기적 일체성을 제시해 주었다.

이것을 종합해 보면, 우주는 동질의 에너지에 의해 생성되어 그 양이 보존된 채 끊임없이 변화하고 있는 거대한 하나의 틀이라는 것을 알 수 있다. 결국 에너지라는 일원적 실체를 통하여 다양한 우주만물의 존재와 변화가 일어나고 있다는 것이다. 이렇듯 물리학은 우주가 거대한 유기체라는 사실을 유추할 수 있도록 하는 많은 성과물들을 축적하고 있다. 그러면서도 여전히 그러한 것들이 의미하는 내재적인 형이상의 가치문제를 간과한 채로 외재저인 형이하의 가치문제에만 편중됨으로 해서, 결과적으로 우주의 보편적 가치를 온전히 제시하지 못하고 있다.

그것은 물리학의 학문방법상 주관적 인식작용의 역할을 관찰과 실험, 수학적 분석에 한정시키고 오직 객관적 실증에 의해서만 최종적인 결정을 내림으로 해서, 결과적으로 구체적인 형이하의 가치문제에 그 역량이 집중되어 버리는 것이다. 그렇다면 물리학이 주관적 인식작용의 역할을 한정시키고 최종적으로 객관적 실증에만 의존하는 까닭은 무엇인가? 그 이유는 과학의 탄생과 밀접한 관계를 가지고 있다.

---

12) 한스 그라스만 지음, 염영록 옮김, 『쿼크로 이루어진 세상』, 생각의 나무, 2002, 145쪽 참조.
13) 로버트 M. 헤이즌·제임스 트레필 지음, 이창희 옮김, 『과학의 열쇠』, 교양인, 2005, 124~126쪽 참조.

서양의 종교와 철학에 의해 형성된 神과 인간, 정신과 물질, 형이 상과 형이하의 분리라는 이원적 사유구조의 틀은 형이상의 본질[理 致]에 대한 가치문제를 종교와 철학의 몫으로 한정시켜 버렸고, 그 러면서 형이하의 실체에 관심을 갖는 새로운 학문체계가 등장하게 되었는데, 그것이 물리학이다. 물리학은 실험과 관찰에 바탕을 둔 철저한 객관적 실증의 과학정신을 통하여 우주자연의 본질에 접근해 갔으므로, 자연스럽게 객관적으로 실증이 가능한 형이하의 현상[實 體]에 대한 가치문제에 집중하게 된 것이다.[14) 따라서 물리학이 학 문적으로는 훌륭한 성과를 달성했음에도 불구하고, 그 학문의 주체 인 인간의 의식구조가 형이하의 틀에 갇혀 버리게 되면서 객관성에 편중된 역할의 한계를 유발하게 되었다.

추상적인 형이상의 본질문제를 파악함에 있어서 객관적 실증의 잣 대를 사용하는 것은 학문방법상의 한계이자, 접근방법상의 오류이다. 오직 수학적으로 증명할 수 있고, 객관적으로 설명할 수 있어야만

14) 정신과 물질의 구분이란 아이디어에 일단 접하게 되자, 철학자들은 물 질적인 것보다는 정신적인 세계, 즉 인간의 영혼과 윤리의 문제에 그들 의 관심을 돌리게 된다. …… 아리스토텔레스 자신은 인간 영혼에 대한 문제와 神의 완전성에 대한 상념은 물질세계보다 훨씬 값진 것이라고 믿었다. …… 서양의 과학은 아리스토텔레스와 교회의 영향으로부터 인 간이 스스로를 해방하기 시작하고 자연에 대해서 새로운 관심을 보이 게 된 르네상스에 와서야 비로소 더 발전하게 된다. 15세기 후기에 이 르러 비로소 진정한 과학적 정신에 의한 자연의 연구에 접근하게 됐으 며, 사변적인 아이디어를 실증하기 위한 실험이 이루어졌다. 이와 같은 발전은 수학에 대한 점증하는 관심과 병진했기 때문에 수학적 언어로 표현되고, 실험에 바탕을 둔 적정한 과학적 이론을 마침내 형성하기에 이르렀다(프리초프 카프라 지음, 이성범·김용정 옮김, 『현대물리학과 동양사상』, 범양사, 1998, 32쪽 참조).

학문적 가치를 인정한다는 것은 결국 구체적이고 감각적인 外的 현상에만 머물게 되는 결과를 낳는다. 따라서 인간의 과학적 지식으로 설명할 수 없는 추상적이고 非감각적인 근원적 가치에 대한 접근을 불가능하게 하는 것이다. 객관적으로 실증할 수 없다고 해서 실재하지 않거나 무가치한 것이 아니다. 인간이 알고 있는 세상이란 빙산의 일각과 같아서 水面[인식] 아래의 엄청난 미지의 세계가 인간의 삶을 떠받치고 있는 것이다. 이 세상은 表面으로 드러나는 구체적인 현상만으로 이루어진 것이 아니라, 裏面에 숨겨진 추상적인 본질이 동시에 존재하고 있는 것이다.

물리학은 형이상의 초월적 이치에 대해서도 객관적인 확인절차가 필요했다. 그렇기 때문에 직접 물질을 해체하고 질량의 증감을 측정해 보았지만, 끝내 그 존재를 실증하지는 못하였다. 이것은 물질적 가치관에 입각한 철두철미하고 과감한 시도라고 할 수는 있겠지만, 非물질적인 작용성은 이런 방법으로 찾아지는 것이 아니다.

이러한 시도는 생물의 정신을 찾겠다고 육체를 해부하는 것과 같다. 정신의 실체를 찾을 수 없을 뿐만 아니라, 그 생명력을 잃게 되어 마침내 정신마저도 사라지게 하는 결과를 초래한다. 객관적으로 실증할 수 없다고 해서 근원적 이치, 보편적 가치를 否定하는 것은 인간 스스로 우주 본연의 생명력을 잃어버리는 것이다. 정신은 육체의 활동을 통하여 그 존재성을 파악할 수 있다. 너욱이 형이상의 이치를 파악함에 있어서는 형이하의 실체를 통하여 드러나는 이면의 작용성을 보다 심층적인 방법으로 유추해야 하는 것이다.

물론 초월적인 대상을 언급함에 있어서는 대단히 신중해야 한다. 누구나 납득할 수 있는 합당한 근거를 기반으로 논리를 전개해 나가야 하는데, 그 근거가 바로 학문적으로 정립된 이론이다. 성리학에는 이기론을 근간으로 하는 철학체계가 있으며, 물리학에는 관찰과 실험을 통한 법칙과 이론이 있다. 이러한 근거의 기반 위에서 본질의 문제, 근원적 이치문제에 점진적으로 접근해 가야 한다.

사실상 우주의 모든 것에 대한 객관적 실증이란 것은 인간능력의 한계이자 실현불가능한 일이다. 형이하의 세계를 일일이 파악하는 것도 불가능한 일이지만, 그보다도 형이상의 가치란 애초에 객관적으로 실증할 수 있는 대상이 아니다. 따라서 내재적이고 초월적인 우주만물의 原理를 물리학의 관찰과 실험이라는 객관적 실증방법만으로 직접 증명하겠다는 것은 모순된 일이 아닐 수 없다. 객관적 실증이란 '객관화'가 핵심인 반면, 형이상의 이치는 '객관화'가 불가능한 것이기 때문이다. 원리란 구체적으로 드러나는 형이하의 실체가 아니라 추상적으로 감추어진 형이상의 이치이므로, 객관적 실증방법만으로는 해결될 수 없는 문제인 것이다.

이것을 극복하기 위해서는 물리학이 정립해 놓은 합당한 근거[법칙과 이론]를 종합적으로 고찰함으로 해서 근원적 이치[原理]에 접근해 가는 철학적 학문방법이 접목되어야 한다. 형이상의 추상적 이치는 주관적 인식의 확장작용을 통하여야만이 파악할 수 있는 깨달음의 문제이다. 객관적으로 얻어진 결과를 바탕으로 주관적인 自覺의 단계를 접목시켜야 하는 것이니, 과학적 방법에 의해 확립된 법칙과 이론을 활용하여 그러한 결과를 가능하도록 하는 근원적 이치에 대한 철학적 유추해석의 방법이 가미되어야 하는 것이다.

이제 형이하의 氣를 궁구함으로 해서[격물치지] 그 이면에 내재한 형이상의 理를 自覺했던[활연관통] 성리학자들의 주관적 자아성찰이라는 철학적 인식과정이 필요하다. 이러한 철학적 인식방법은 인간의 사유구조가 편협한 틀에서 벗어나 본래의 無限性을 회복함으로 해서 형이상의 초월적 대상을 파악하게 되는 것이다. 구체적으로 드러난 실체를 관찰하여 추상적으로 숨겨진 근원적 이치를 찾아내는 것이 바로 인식의 확장작용이며, 이것이 바로 활연관통의 깨달음인 것이다. 따라서 원리의 문제는 물리학의 객관적 실증방법에 성리학의 주관적 깨달음의 방법을 연계함으로 해서 해결할 수 있다.

물리학은 이미 우주의 본질에 대한 많은 객관적 실마리를 제시하였다. 우주만물의 모습은 대단히 복잡하고 다양하지만, 법칙과 이론에 나타난 사실을 종합적으로 고찰해 봄으로 해서 지극히 단순하면서도 통합적인 관계구조를 발견할 수 있다. 이것은 바로 그 내재적이고 초월적인 원리의 작용성을 짐작게 한다. 우주만물은 동질의 에너지에 의해 형성되도록 하였고, 모든 변화는 에너지의 고유 운동성과 기본적 상호작용이 주도하는 취산작용과 열에너지의 일방적 지향성에 의해 이루어지도록 하였다. 소연인 에너지의 움직임을 통하여 소이연인 원리를 유추할 수 있는 것이다.

이렇듯 물리학의 법칙과 이론은 우주만물의 규칙성과 단순성을 객관적으로 실증한 것이니, 숨겨져 있는 우주의 원리를 주관적으로 인식함에 있어서 대단히 중요한 열쇠이다. 객관적 실증과 주관적 자각을 연결시켜 주는 가교역할인 것이다. 에너지라는 일원적 실제, 하나의 거대한 유기체인 우주, 이러한 형이하의 모든 존재와 변화의 모습은 형이상의 원리가 끊임없이 작용하고 있음을 드러내고 있다. 따라서 원리라는 것은 단순함 속에 온 우주를 한데 아우르고서 만물들이 유기적 관계구조의 틀 속에서 개체로서의 삶을 온전히 영위할 수 있도록 하는 보편적이고 전일한 자연의 섭리인 것이다.

법칙이나 이론은 자연현상을 어떻게 관찰했는가에 따라 다양하게 정립되었지만, 그 이면의 원리는 복잡하게 얽혀 있는 여러 갈래의 길이 아니라 단순하면서도 통합적인 하나이다. 형이상의 원리는 다양한 현상만큼 실제로 다양하게 나누어져 있는 것이 아니라, 전일한 원리의 작용성이 만물들 각각의 형태와 특성에 따라 다양하게 드러나고 있는 것이다. 이러한 형이상의 원리를 규명함에 있어서, 물리학의 발전은 실제로 다양한 우주만물의 모습 속에서 점차 전 우주를 하나로 아우르는 통합성과 전일성을 발견하기에 이르렀다. 최첨단 물리학인 양자론에 의해서이다.

> 양자론은 우주의 근본적인 전일성(全一性)을 드러내 주었다. 그
> 것은 독립적으로 존재하는 최소의 단위로 이 세계를 분해할 수 없
> 다는 것을 보여주었다. 물질을 뚫고 들어가 보면 볼수록 자연은 어
> 떤 독립된 기본적인 구성체를 보여주지 않고 오히려 전체의 여러
> 부분들 사이에 있는 복잡한 그물[網]의 관계로서 나타난다. 이러한
> 관계들은 언제나 그 본질적인 면에서 관찰자를 포함한다. 인간이라
> 는 관찰자는 관찰되는 과정들의 연쇄에서 마지막 연결을 이루며, 어
> 떤 원자적 대상물의 성질도 단지 관찰자와 대상의 상호작용에 의해
> 서만 이해될 수 있다.[15]

에너지-질량 등가원리에 의해 물질이 단지 에너지의 덩어리 상태에 불과한 것임이 밝혀지면서 우주만물은 에너지에 의한 유기적 관

---

15) 프리초프 카프라 지음, 이성범·김용정 옮김, 『현대물리학과 동양사상』, 범양사, 1998, 83~84쪽 참조.

계구조 속으로 한데 융화되어 버렸다. 원자론은 원자를 해체시켜 수많은 소립자를 쏟아내면서 물질계의 구체적인 실체를 흔들어 놓았다. 양자론은 관찰자와 관찰 대상이 완전한 별개로서 분리되어 있는 관계라는 기존의 고정관념을 일순간에 깨트려 버렸다. 관찰자는 어떤 물질의 실체를 정확하게 모두 파악할 수 없으며, 관찰자의 행위는 관찰 대상에게 그대로 영향을 미친다는 不可分의 상관성을 제시하였다.

그리하여 양자론은 우주가 독립되어 있는 개체들이 상호작용하는 개체들의 종합적 전체라는 입장을 송두리째 바꾸어 놓았다. 개체들의 결합이라기보다는 오히려 쪼개어지지 않은 전체[undivided wholeness]라는 혼융한 일체성을 강조하고 있는 것이다. 이제 관찰자와 관찰도구는 더 이상 관찰대상으로부터 분리되지 않는다. 한마디로 말해, 천지우주는 제각기 분리되어 있으면서 서로에게 영향을 미치는 독립된 물질들의 집합체가 아니라, 절대로 분리될 수 없는 관계구조에 의한 존재와 변화 그 자체이다.[16] 하나의 본질, 하나의 틀에서 상호작용하면서 형성되는 유기적 관계구조를 기반으로 만물들이 다양하게 존재·변화하고 있는 시공간이 바로 현 우주의 모습인 것이다.

상대성이론과 양자론은 다른 법칙들과 마찬가지로 구체적인 자연현상에 대한 관찰과 실험의 성과이다. 이러한 형이하의 물질세계에서 전일성을 발견했다는 것은 그 이면에서 작용하고 있는 원리의 전일성을 인정하지 않을 수 없는 것이다. 결국 수많은 법칙과 이론들은 에너지의 고유 운동성과 기본적 상호작용에 의해서 생겨나는 현상들을 부분적으로 파악하여 정립해 놓은 결과물들임을 알 수 있다.

---

16) 폴 데이비스 지음, 류시화 옮김, 『현대물리학이 발견한 창조주』, 정신세계사, 2005, 171~172쪽 참조.

따라서 에너지에 의한 우주 전반의 통합적 상관구조의 발견은 결국 원리의 작용성이 현실 속에 그대로 투영된 것임을 알 수 있다. 거대한 우주에서부터 미세한 양자 하나하나에 이르는 다양한 우주만물의 존재와 변화는, 전체적으로 동질의 에너지 입자들이 취산하면서 상호작용하도록 하는 보편적인 원리의 전일성과, 그 작용성이 다양한 자연현상들을 발생하도록 하는 원리의 다양성이 한데 어우러진 완전한 유기체의 모습인 것이다. 단순함 속에 온 우주를 한데 아우르고서 만물들로 하여금 유기적인 관계의 틀 속에서 개체로서의 삶을 온전히 영위할 수 있도록 하는 보편적인 자연의 섭리를 온전히 인식해야 하는 것이다.

2. 現象과 本質의 關係構造

1) 氣와 理의 關係

주회암은 분명 이기이원론의 입장이다. 理는 형이상의 이치이고 氣는 형이하의 실체이니, 이들은 개념상 근본적으로 차원을 달리한다. 그리하여 所以然인 理가 所然인 氣에 의해 드러남으로 해서 物이라는 구체적인 존재가 가능하다는 것이다.

> 천지 사이에는 理가 있고 氣가 있다. 理라는 것은 형이상의 道이니 物을 생하는 본질이고, 氣라는 것은 형이하의 器이니 物을 생하는 도구이다.[17]

이 말은 주회암이 정이천의 사상을 그대로 계승한 것이다. 理는 物이 생겨나도록 하는 형이상의 이치이고, 氣는 구체적인 物을 형성하는 형이하의 실체라는 것이다. 理와 氣는 구체적인 物을 완성함에 있어서 소이연[본질]과 소연[현상]의 관계로서 엄격히 차원을 달리하는 별도의 개념으로 파악하고 있다. 그렇다고 해서 이 理와 氣가 실제 별개의 존재로 떨어져 있다가 物이 생겨날 때 비로소 결합하여 쌍을 이루는 관계로 보아서는 안 된다. 이들은 실질적으로 절대 떨어질 수 없는 관계이다. 이러한 理氣의 오묘한 관계를 대표하는 말이 바로 '不相離'와 '不相雜'이다.

이른바 理와 氣는 결단코 두 物이다. 다만 物상에서 살핀다면, 두 物은 섞여 나누어질 수 없어서 각각이 한 곳에 있으나, 두 物이 각각 하나의 物이 됨을 해치지 않는다. 만약 理상에서 살핀다면, 비록 아직 物이 있지 않더라도 이미 物의 理는 있었다. 그러나 또한 다만 그 理가 있을 뿐이지, 일찍이 진실로 이 物은 있지 않았다.[18]

'決是二物'이라는 말에는 이기이원론에 대한 주회암의 입장이 그대로 드러나 있다. 理氣관계를 논함에 있어서, 만물의 존재원리[所以然之故]이며 인간의 행동원리[所當然之則]인 理의 순수성을 보존하기 위해서는 雜駁한 氣와의 엄격한 분별이 절실하다. 생성도구로서

---

17) 『朱子大全』卷58「答黃道夫」: 天地之間, 有理有氣. 理也者, 形而上之道也, 生物之本也. 氣也者, 形而下之器也, 生物之具也.

18) 『朱子大全』卷46「答劉叔文」: 所謂理與氣決是二物. 但在物上看, 則二物混淪不可分開, 各在一處. 然不害二物之各爲一物也. 若在理上看, 則雖未有物, 而已有物之理. 然亦但有其理而已, 未嘗實有是物也.

의 氣가 있는 곳에는 반드시 생성본질로서의 理가 작용하여야만이 온전한 物이 형성될 수 있다. 실질적으로 소이연인 理와 소연인 氣는 분리되어 존재할 수 없는 관계이므로 한곳에 혼용하여 物을 형성하게 되는데, 이것이 '서로 떨어지지 못한다[不相離].'는 말이다. 그러나 理와 氣의 작용은 형이상과 형이하의 차원을 달리하는 것이므로 본질적으로는 엄격히 구별되어야 하고, 따라서 物이 비록 理와 氣의 혼륜한 상태에서 형성된다 하더라도 理와 氣는 엄연히 별개의 개념으로 구분되어야 하는데, 이것이 바로 '서로 섞이지 않는다[不相雜].'는 말이다.

여기에 더하여 理는 형이상의 이치이고 氣는 형이하의 실체이기 때문에 氣에 의한 物의 형체가 구체적으로 갖추어지기 전에도 理는 이미 존재하고 있어야 하며, 실체가 사라진다고 해도 理는 항상 존재하고 있어야 한다는 理의 불변성을 부각시켰다. 주회암은 理의 非물질적 순수성과 氣의 물질적 잡박성 사이에서 실질적으로 서로 떨어질 수 없음을 언급하면서도 개념적으로 절대 서로 섞여서는 안 됨을 강조한 것이다. 여기에 理氣의 선후문제를 제기함으로 해서 '決是二物'의 입장을 다시금 확고히 하였다.

> 천지가 있기 전에 필경에는 다만 理일 뿐이었다. 이 理가 있으면 곧 이 천지가 있게 된다. 만약 이 理가 없다면 곧 또한 천지도 사람도 物도 없어서 갖추어 실어 줄 것이 모두 없어질 것이다. 理가 있으면, 곧 氣의 유행이 있어서 만물을 길러 줄 것이다.[19]

---

19) 『朱子語類』卷1 「理氣上」: 未有天地之先, 畢竟也只是理. 有此理, 便有此天地. 若無此理, 便亦無天地無人無物, 都無該載了. 有理, 便有氣流

이것은 본래 선후를 말할 수 없다. 그러나 반드시 그 소종래를 추론하고자 한다면, 모름지기 먼저 이 理가 있음을 말해야 할 것이다.[20]

이기론에 있어서 先後문제는 論難의 소지가 다분히 있다. 선후문제 역시 不相雜의 문제와 마찬가지로 개념상의 구분이다. 주회암은 理氣의 선후문제에 대하여 많은 질문을 받았다. 理와 氣가 서로 떨어질 수 없는 관계라는 관점에서 볼 때, 선후를 논한다는 것은 모순되기 때문이다. 그렇지만 그는 주저하지 않고 형이상의 이치로서 理의 가치우위를 강조함으로 해서 理先氣後의 차서가 있어야 함을 분명히 하였다. 그 이유는 무엇인가? 모든 존재가 생겨나기 위해서는 먼저 그 존재를 생겨나도록 하는 불변의 이치가 있어야 한다는 것이다.

따라서 천지우주가 구체적으로 생겨나기 이전에도 이미 불변자로서 理는 항상 있었으며, 이 형이상의 理가 있음으로 해서 형이하의 천지우주가 생겨날 수 있다는 것이다. 즉 소이연인 理가 본질로서 먼저 갖추어져 있어야만이 소연인 氣가 실체로서 그 이치에 의하여 유행할 수 있는 것이고, 이러한 理와 氣의 혼륜함에 의하여 만물이 생겨나게 된다는 것이다.

不相離의 문제는 구체적인 物을 형성함에 있어서 부정할 수 없는 명백한 사실이다. 하지만 끊임없이 변화하는 氣와 비교할 때, 불변자인 理의 우월적 가치를 주장하려는 주회암에게 있어서 理先의 문제는 간과할 수 없는 중대한 문제이다. 가치론의 견지에서 理와 氣

行, 發育萬物.

20) 『朱子語類』卷1「理氣上」: 此本無先後之可言. 然必欲推其所從來, 則須說先有是理.

는 절대로 섞여서는 안 되는 것이며, 불변자로서 형이상의 理는 마땅히 변화하는 형이하의 氣보다 우선해서 존재해야 한다는 것이다.

> 理는 또한 별도의 一物이 아니라 이 氣 가운데에 있는 것이다. 이 氣가 없으면 이 理는 또한 기댈 곳이 없다.[21]

> 품부받은 것을 논한다면, 이 氣가 있고난 뒤에 理가 따라서 갖추어진다.[22]

그러나 物이 형성되어 있는 현실의 문제에 있어서는 理氣의 선후가 달라진다. 氣라는 유형의 질료가 전제되지 않고서는 理라는 무형의 이치가 의지하여 드러날 수 없다. 형이하의 氣가 구체적인 질료로서 형체를 갖추고 있어야 형이상의 理는 붙어 있을 곳이 생기는 것이므로, 氣가 理보다 앞서 존재의 틀을 구성하고 있어야 하는 것이다. 理는 氣를 통하여 그 작용성이 드러나는 것이고, 구체적인 氣가 먼저 완성됨으로 해서 추상적인 理가 작용할 수 있다. 따라서 氣先理後의 문제는 생성된 物을 구체적으로 파악해 들어가는 차서로 보아야 할 것이다.

결국 理氣先後의 문제는 근원적 이치와 본질적 실체를 어떤 기준으로 파악하느냐에 따라 정반대 양상을 나타낸다. 理先氣後는 불변하는 理의 작용성이 생멸하는 氣의 존재와 변화를 가능하게 한다는

---

21) 『朱子語類』卷1「理氣上」: 理又非別爲一物, 卽存乎是氣之中. 無是氣, 則是理亦無掛搭處.
22) 『朱子大全』卷59「答趙致道」: 若論稟賦, 則有是氣而後, 理隨以具.

理의 불변적 가치문제에 초점을 맞춘 것이고, 氣先理後는 유형한 氣의 구체성에 의해서 무형한 理의 작용성이 드러나게 된다는 생성된 物의 현실적 파악에 초점을 맞춘 것이다. 즉 소이연인 理가 恒存하고 있기 때문에 소연인 氣가 생겨나게 된다는 입장에서는 理先氣後라 하였고, 유형한 氣가 형체를 갖추고 나서 무형한 理의 작용성이 드러난다는 입장에서는 氣先理後라 한 것이다.

2) 에너지와 原理의 關係

물리학에서 에너지와 原理의 관계를 설명하기 위해서는 법칙과 이론이라는 가교 역할에 주목해야 한다. 우주자연의 구체적인 현상들을 관찰하고 실험하여 그 원인을 규명해 놓은 성과물이기 때문에 근원적 이치를 인식함에 있어 중요한 객관적 근거가 된다. 모든 법칙과 이론의 중심에는 '에너지'라는 일원적 실체가 절대적인 비중을 차지하고 있다. 따라서 법칙과 이론에 나타난 에너지의 속성과 작용 등을 면밀히 관찰한다면, 보편적인 우주의 원리에 대한 접근이 가능할 수 있는 것이다.

에너지는 표면으로 드러나는 형이하의 실체이기 때문에 실질적인 파악이 어렵지 않으나, 원리는 이면에 감추어 있는 형이상의 이치이기 때문에 직접적인 파악은 불가능하다. 법칙과 이론에 대한 종합적인 고찰을 통하여 그 속에 담겨 있는 의미를 심층적으로 유추하는 단계를 거쳐야만이 형이상의 원리를 온전히 파악할 수 있다. 우주자연의 드러난 현상에서 법칙과 이론을 정립하고, 이들을 종합적으로 분석함으로 해서 일원적 실체인 에너지와 그 속에 숨겨진 우주만물의 원리를 찾아내야 하는 것이다.

물리학의 법칙과 이론은 인간의 편의를 위해 만들어 낸 단순한 과학적 표현형식이 아니다. 무한한 우주자연에 대한 인간의 끊임없는 관심과 탐구정신이 일궈낸 자연과학의 결실이며 총화인 것이다.

> 우주가 질서를 가지고 있다는 것은 자명한 사실이다. 우리가 보는 모든 곳, 멀리서 빛나는 은하계들로부터 원자의 가장 깊숙한 곳에서까지 우리는 규칙성과 복잡한 조직을 만난다. 물질이나 에너지가 혼란스럽게 흩어져 있는 경우는 발견되지 않는다. 그것들은 원자와 분자, 결정체, 생명체, 혹성계, 별무리 등 단계별로, 차원별로 질서 있게 배열되어 있다. 동시에 모든 물질계는 우연의 지배를 받는 것이 아니라, 법칙에 따라 체계적으로 행동한다.[23]

구체적으로 드러나는 모든 자연현상은 일원적 실체인 에너지의 취산작용에 의해 생겨난다. 이를 관찰하고 실험하여 체계적으로 규명해 놓은 것이 법칙과 이론이다. 이를 통해 살펴보면, 우주에 존재하는 모든 것은 대소·원근·현미 등의 차이를 막론하고 복잡·다양함 속에서도 지극히 단순한 규칙성을 가지고 있다. 이 모든 자연현상이 갖고 있는 단순하면서도 엄격한 규칙성은 우주자연을 주재하는 어떠한 작용성이 그대로 드러나고 있는 것임을 짐작게 한다.

따라서 법칙과 이론에 의해 밝혀지는 우주자연의 통일성과 규칙성을 유추해 봄으로 해서 우주를 하나로 아우르는 보편적인 불변의 원리를 깨달을 수 있다. 원리는 체계적인 질서의 틀 속에서 끊임없이

---

23) 폴 데이비스 지음, 류시화 옮김, 『현대물리학이 발견한 창조주』, 정신세계사, 2005, 214쪽 참조.

작용하면서 우주의 모든 자연현상을 통해 구체적으로 드러나고 있는 것이다.

지금까지 발견된 법칙과 이론 外에도 자연에는 아직도 숨겨진 원리의 작용성이 무수히 많을 것이다. 원리는 우주의 존재와 변화에 대하여 언제 어디서나 작용하고 있다. 모든 물질에는 각각 그 소이연으로서의 원리가 작용하고 있으며, 우주만물을 하나로 아우르는 전체의 틀에는 또한 그 소이연으로서의 원리가 작용하고 있다. 법칙과 이론에 의해 규명되지 않았다 하더라도 자연현상의 이면에는 다양한 모습을 가능하도록 하는 원리가 끊임없이 작용하고 있는 것이다.

熱은 에너지의 가장 본원적인 상태로서 어떤 존재에 열이 있다는 것은 바로 운동에너지가 잠재하고 있음을 의미한다. 이러한 에너시 입자인 양자는 입자성과 파동성의 양면성을 가지고 있는데, 이것은 바로 에너지 입자의 실체성[粒子性]과 운동성[波動性]을 의미하는 것이다.[24] 에너지의 고유 운동성은 에너지 입자들을 사방으로 분산시키는 역할을 하고, 기본적 상호작용은 같은 전하 사이의 斥力을 제외하고는 전체적으로 引力으로 작용하여 사방으로 분산하는 에너지 입자들을 한곳으로 응취시켜 주는 역할을 한다.

초고온 상태에서 시작된 현 우주는 전체적으로 에너지의 총량에는 변함이 없지만 질적으로는 끊임없이 열을 잃어 가면서 무질서해지는 방향으로 변해 간다. 최후의 열적 평형 상태인 절대온도 0노[섭씨 −273도]에 이르기까지 에너지의 질적인 변화는 지속된다.[25] 이것은 바

---

24) 프리초프 카프라 지음, 이성범·김용정 옮김, 『현대물리학과 동양사상』, 범양사, 1998, 82~83쪽 참조.

25) 한스 그라스만 지음, 염영록 옮김, 『쿼크로 이루어진 세상』, 생각의 나

로 시간과 변화의 일방성을 의미한다. 이처럼 에너지 입자의 고유 운동성과 기본적 상호작용에 의하여 취산의 순환구조가 이루어지고, 이것은 또한 일방적인 변화의 틀을 구성하게 된다. 일원적 실체에서 시작된 우주의 유기적 모습에서 그 원인자로서 작용하는 원리의 존재성을 유추할 수 있는 것이다.

물질의 기본적 요소를 발견하기 위해 물질을 분해하면 할수록 물질은 점차 그 구체적 실체를 잃어버리고, 우주의 크기와 기원을 탐구하면 할수록 시공간적으로 그 시작과 끝을 가늠할 수 없다. 여기에 에너지라는 일원적 실체가 새롭게 부각되고 관찰 주체와 관찰 대상의 상호연관성이 밝혀지면서 인간을 포함한 모든 물질은 에너지의 거대한 틀 속으로 융화되어 버린다.

에너지는 고유 운동성과 기본적 상호작용이라는 취산작용에 의하여 우주만물의 변화를 주도하고 있으며, 우주의 모든 물질은 혼연한 동질의 에너지 상태가 분화되고 결합되면서 형체를 이루게 되었다. 그러므로 그 생멸의 변화란 에너지의 취산작용에 의한 물질과 에너지의 순환과정인 것이다.[26)]

이처럼 구체적인 실험과 객관적인 관찰을 통하여 에너지라는 일원적 실체와 그 상관성을 발견하였으니, 우주 전반의 단순성과 법칙성을 밝혀낸 물리학의 성과는 실로 만물일체사상의 객관적 실증이라 할 수 있다. 이러한 전체적인 상호작용의 관계구조 속에서 개체들이 존재하고 있는 현 우주는 거대한 하나의 유기체이다. 에너지는 우주만물의 복잡하고 다양한 존재와 변화의 모습을 드러내고 있는 실체

무, 2002, 352~354쪽 참조.
26) 이시우, 『별과 인간의 일생』, 신구문화사, 1999, 28~29쪽 참조.

이고, 그 이면에는 이러한 통합적 단순구조의 틀을 가능하게 하는 원리가 있는 것이다.

에너지는 형이하의 구체적인 실체로서 우주자연의 모든 존재와 변화의 틀을 이루고 있으며, 원리는 형이상의 추상적인 이치로서 우주만물에 내재되어 모든 존재와 변화를 주재하고 있다. 즉 에너지는 원리의 끊임없는 작용성에 의하여 존재·변화하고 있는 것이며, 원리는 에너지의 구체적인 움직임을 통하여 드러나고 있는 것이다.

에너지와 원리의 관계는 1:1의 대응관계를 이루고 있다. 에너지에 의한 구체적인 현상을 관찰함으로 해서 법칙과 이론을 정립하고, 그렇게 정립된 것을 종합적으로 분석하고 유추함으로 해서 그 내재적 원리를 간접적으로 파악할 수 있는 것이다. 에너지라 함은 이미 그 이면에서 작용하는 원리에 의해 존재·변화하고 있는 실체를 의미하는 것이니, 바로 에너지와 원리는 '不相離'의 관계인 것이다. 우주만물의 끊임없는 변화는 결국 에너지에 내재되어 있는 소이연인 원리, 원리에 의해 작동하는 소연인 에너지라는 불가분한 1:1의 대응관계에 의하여 지속되고 있는 것이다.

다만 에너지에 의한 구체적인 현상이 먼저 관찰됨으로 해서 법칙과 이론이 정립되며, 이렇게 정립된 것을 관념적으로 유추함으로 해서 그 내재적 원리를 인식할 수 있다. 에너지에 대한 관찰이 선행되고 원리에 대한 자각이 그 뒤를 따르는 것이다. 그러니 에너지와 원리의 관계는 개념상의 구분일 뿐, 실제로는 구별될 수 없는 불가분의 관계이다. 원리가 배제된 독존의 에너지, 또는 에너지가 배제된 순일의 원리라는 것은 실질적으로 아무런 의미가 없다. 에너지가 에너지일 수 있는 것은 바로 원리가 내재되어 끊임없이 작용하고 있기 때문이니, 에너지라는 말에는 이미 '원리가 끊임없이 작용하고 있는' 이라는 의미가 전제되어 있다. 소연인 에너지와 소이연인 원리라는 불가분의 관계구조인 것이다.

3. 現象의 同質性과 多樣性

1) 氣의 同異

이기론에서 氣는 구체적으로 드러나는 형이하의 실체이다. 氣는 주렴계의 태극론과 장횡거의 氣일원론을 거치면서 우주만물의 일원적 실체임이 제기되었고, 주회암에 이르러 소이연인 理의 작용성이 구체적으로 드러나는 소연의 실체로서 자리매김하였다. 이러한 氣의 내용을 좀 더 구체적으로 파악하기 위해서는 만물의 질료로서 氣의 同異문제에 대하여 알아보아야 한다. 우선 '氣同'에 대하여 알아보도록 하겠다.

태극론에서 주렴계는 "무극의 진수와 음양오행의 정수가 묘하게 합하고 응결되어 강건한 하늘의 道는 남성을 이루고 부드러운 땅의 道는 여성을 이룬다. 두 기운이 교감하여 만물을 변화·생성시키니, 만물은 낳고 낳아 변화함이 무궁하다."[27]라고 하였고, 氣일원론에서 장횡거는 "태허는 氣가 없을 수 없다. 氣는 모여서 만물이 되지 않

---

27) 『太極圖說』: 無極之眞, 二五之精, 妙合而凝, 乾道成男, 坤道成女, 二氣交感, 化生萬物, 萬物生生, 而變化無窮焉.

을 수 없으며, 만물은 흩어져 태허가 되지 않을 수 없다."[28]라고 하였으니, 이들은 이미 천지만물이 본질적으로 一氣에 의해 분화·형성되었음을 주장하고 있는 것이다. 그렇지만 주회암에게 있어서 氣의 동질성을 파악하는 것은 쉽지 않다.

> 만물의 一原을 논한다면, 理는 같고 氣는 다르다. 만물의 다른 體를 관찰한다면, 氣는 오히려 서로 가깝고 理는 절대로 같지 않다.[29]

주회암의 주장에는 특이한 측면이 있다. 氣는 만물의 공통적인 질료이니, 一原의 혼융한 상태에서는 개개의 차이가 있을 수 없으므로 모두 같고, 異體들에 있어서는 각자 분화되어 형체나 특성이 달라지므로 모두 다르다고 보아야 하는 것이 일반적인 견해이다. 그런데 그는 氣가 만물의 一原에 있어서는 다르고 만물의 異體들에 있어서는 오히려 서로 가깝다고 하였다. 여기서 '氣同'에 대한 그의 입장을 짐작할 수 있다.

만물의 一原을 논하면서 氣가 다르다고 한 것은 잡박한 氣에 대하여 본질적인 동질성을 인정하려 하지 않는 것이고, 만물의 異體를 관찰하면서 氣가 서로 가깝다고 한 것은 이체들이 가지는 질료로서의 유사성을 언급하려는 것이다. 만물의 一原이 같은 것과 각각의 이체들이 달라지는 것은 그 근본원인이 소이연인 理이 작용성에 의

---

28) 『正蒙』「太和」: 太虛不能無氣. 氣不能不聚而爲萬物, 萬物不能不散而爲太虛.
29) 『朱子語類』卷4「性理一」: 論萬物之一原, 則理同而氣異. 觀萬物之異體, 則氣猶相近, 而理絶不同.

한 것이기 때문에, 일원의 상태에서는 순수한 理의 동질성에 비해 잡박한 氣의 동질성을 인정할 수 없으며, 이체의 상태에서는 理의 작용성에 의해 생겨난 차이에 비해 음양오행의 결합에 따른 재질의 차이는 오히려 서로 가깝다는 것이다.

그러나 그는 만물의 이체들에 대해서도 서로 가깝다고만 하였을 뿐, 동일하다고는 하지 않았다. 본질적으로 이체들의 차이를 가능하도록 하는 것은 理의 작용성이므로, 그러한 작용에 따라 달라지는 이체들은 氣라는 구체적인 질료의 유사성이 있다는 것이다. 그러면서도 형이하의 氣는 만물의 재질을 형성하는 잡박한 실체이기 때문에 근본적으로 순일한 동질성을 인정하지 않았다. 따라서 만물의 일원을 논함에 있어서 氣가 같지 않다고 말한 것이다.

이것은 氣의 同異문제가 그 소이연으로서 理의 작용성에 달려 있다는 입장인 것이니, 순일한 동질성의 문제에서 理와 氣를 확실하게 구분하려는 의도가 담겨 있는 부분이다. 만물 각각이 형태와 특성에 있어서는 확연한 차이가 있지만, 그 차이의 본질은 소이연인 理이기 때문에 결국 이체들에 있어서 氣的인 차이는 大同小異하다는 관점에서 '서로 가깝다'고 한 것이다. 그런데 만물의 이체들에 대하여 氣가 서로 가깝다고 한 것은 사실상 氣라는 일원적 실체의 유사성 내지 동질성을 감안하지 않고서는 성립될 수 없는 말이다. 그렇다면 만물의 일원에 있어서도 의당 혼연한 一氣로서의 동질성이 담보되어야 한다.

氣의 분화와 취산에 의하여 우주만물의 존재와 변화가 일어난다는 것은 이기론의 일관된 입장이라 할 수 있다. 그러므로 혼연한 一氣의 동질성이 담보되지 않고서는 氣의 취산에 의해 발생하는 우주만물의 무한한 순환구조를 설명할 수 없다. 단순히 서로 가깝다는 유사성만으로는 상호호환의 영속성을 기대하기 어렵다. 氣가 잡박하다 하더라도 나름의 동질성이 확보되어야만이 생멸하는 이체들에 있어서 상호호환되는 무한한 순환구조의 틀이 가능할 수 있는 것이니, 이것이 바로 '氣同'이 전제되어야 하는 이유이다.

氣는 형이하의 실체로서 음양에 의하여 실질적인 만물의 존재와 변화가 발생하고 있다. 천지우주에는 혼연한 氣가 가득 차 있고, 그 속에서는 끊임없이 다양한 존재와 변화가 생겨난다. 전일한 본질의 위에 다양한 존재와 변화가 가능할 수 있는 것은 분화와 취산을 주재하는 자연의 섭리 때문이다. 그러면 만물의 다양성과 관련하여 '氣異'에 대한 주회암의 입장을 알아보도록 하겠다.

> 태초에 천지 사이에는 다만 음양의 氣일 뿐이었다. 이 하나의 氣가 요동치면서 마찰이 일어났는데, 마찰이 급격해지면서 곧 많은 응집물들이 터져 나왔다.[30]

> 음양은 氣이니, 이 오행의 성질을 생성시킨다. 천지가 物을 생성시킴에 오행이 유독 우선한다. 땅은 곧 土이니, 土는 곧 수많은 金·木의 類를 포함하고 있다. 천지 사이에 무슨 일이든 오행이 아니겠는가? 오행과 음양의 일곱 가지가 유동적으로 합쳐지니, 곧 物을 생성하는 재료인 것이다.[31]

---

30) 『朱子語類』卷1「理氣上」: 天地初間, 只是陰陽之氣. 這一箇氣運行, 磨來磨去, 磨得急了, 便拶許多渣滓.

31) 『朱子語類』卷94「周子之書」: 陰陽氣也, 生此五行之質. 天地生物, 五行獨先. 地卽是土, 土便包含許多金木之類. 天地之間, 何事而非五行. 五行陰陽七者滾合, 便是生物底材料.

천지우주가 시작된 당시에는 다만 음양의 氣가 혼연하게 존재했을 뿐이다. 이것은 바로 만물의 一原 상태를 의미한다. 이제 혼연한 氣가 음양의 움직임을 시작하게 되면서 점차 그 움직임은 거세게 요동치게 되었고 급기야 서로 간에 마찰이 일어나게 되었다. 이러한 요동과 마찰에 의해 氣는 점차 부분 부분 한데 엉기어 덩어리를 이루게 되었다. 이것은 혼연한 음양의 氣가 분화와 취산의 움직임을 동시다발적으로 발생시키면서 끊임없이 중첩된 결과인 것이다. 이렇게 되면서 혼연한 氣는 결합의 차이에 의하여 서로 다른 특성을 가지게 되었는데, 이것이 바로 金·木·水·火·土의 오행이다. 이 다섯 가지 특성과 음양의 취산작용이 요동치면서 합쳐지게 되었으니, 이것들이 만물을 생성하는 기본적인 질료가 된 것이다.

> 묻기를, "염계께서 태극도를 만드셨으니, 태극으로부터 만물의 化生에 이르기까지 다만 하나의 틀일 뿐인데, 어찌 일찍이 차이가 있는 것입니까?"라고 하자, 말하기를, "사람과 만물이 본래는 똑같으나, 기품에는 차이가 있기 때문에 같지 않은 것이다."라고 하였다.32)

주렴계는 천지만물의 一原인 태극에서부터 만물의 異體들에 이르는 모든 것이 동질의 氣가 분화된 하나의 거대한 틀이라고 하였다. 이러한 하나의 거대한 틀 속에서 만물들의 차이가 생겨나는 이유가 무엇이냐는 질문에 대하여, 주회암은 사람과 만물이 본질적으로는 동일한 상태이지만, 분화와 취산의 과정을 거치면서 부여받은 기품

---

32) 『朱子語類』卷59「孟子九」: 問 濂溪作太極圖, 自太極以至萬物化生, 只是一箇圈子, 何嘗有異. 曰 人物本同, 氣稟有異. 故不同.

에 차이가 생겨나기 때문이라고 하였다. 여기서 말하는 기품의 차이가 바로 음양오행이라는 질료들의 조합차인 것이다.

이 음양오행의 질료들이 어떻게 조합을 이루느냐에 따라 만물을 구성하는 氣的인 형태와 특성이 달라진다. 그러므로 해서 만물의 이체들에 있어서는 어느 것 하나 동일하지 않은 다양한 형태와 특성의 개체들이 형성될 수 있는 것이다. 사실상 우주만물 개개의 구체적인 형태와 특성, 다양한 변화를 관찰하는 것만으로도 氣的인 차이는 누구나 쉽게 확인할 수 있으니, 이것이 바로 '氣異'의 의미인 것이다.

2) 에너지의 同質性과 多樣性

물리학의 핵심개념은 에너지이다. 자연현상을 파악함에 있어서 대상이 되는 우주만물은 모두 에너지와 관련이 있다. 에너지의 고유 운동성과 기본적 상호작용에 의한 어떤 현상인 것이니, 만물의 동질성을 파악하는 것은 어려운 일이 아닐 것이다.

에너지가 근원적인 개념이 된 것은 에너지가 소멸되지 않으면서 상호변환할 수 있으며, 에너지 변환의 그물망 속에서 모든 물리 현상을 연결하는 통합기능을 하기 때문이다. 에너지가 파괴될 수 없다는 것과 흩어진다는 것 사이의 관계로부터 에너지 개념의 적용 쪽이 모든 물리과정으로 확장되었다.[33]

---

33) 피터 하만 지음, 김동원·김재영 옮김, 『에너지, 힘, 물질』, 성우, 2000, 87쪽 참조.

에너지−질량 등가원리의 발견은 우주만물의 동질성을 주장함에 있어서 가장 중요한 이론이다. 이것은 질량을 가진 모든 물질이 에너지의 어떤 상태에 불과하다는 것을 명시해 주었기 때문이다. 이 말은 빛, 열, 운동에너지, 전기에너지, 생체에너지 등의 非물질적인 개념뿐만 아니라, 모든 구체적인 물질도 에너지의 한 형태라는 사실을 의미한다. 우주만물이 본질적으로 동질의 에너지임을 입증하는 것이다.

물질은 기본적으로 원자로 구성되어 있고, 이 원자는 많은 소립자들의 집합체이며, 이 소립자들은 모두 에너지가 응취되어 있는 에너지의 응취 상태이다. 만물들 각각이 비록 다양한 형태와 특성을 가지고 있지만, 본질적으로는 에너지라는 동질적인 요소로 구성되어 있다. 다만 결합된 양 또는 조합의 차이에 따라 다양한 모습으로 드러나는 것이니, 결국 모든 물질은 에너지의 결합체라는 것이다.[34] 좀 더 구체적으로 생명체와 에너지의 관계를 규명하게 된다면, 보다 실질적으로 에너지의 동질성을 파악할 수 있을 것이다.

　　모든 생명체는 에너지를 보충해 주어야만 생명을 유지할 수 있다. 생명체들은 '먹이사슬'이라는 에너지의 순환과정을 통해 지속적으로 유지된다. 이러한 순환구조에 있어서 절대적인 자양분의 역할은 바로 식물에 달려 있다. 식물의 잎에 있는 엽록소는 태양의 빛과 공기 중의 탄소를 흡수하여 녹말이라는 먹이를 만든다. 초식 동물들은 식물을 먹음으로써 녹말을 흡수하여 생명을 유지하고, 육식 동물들은 초식 동물들을 먹음으로써 영양분을 흡수한다. 결국 지구상의 모든 생물이 필요로 하는 에너지는 식물이 만드는 녹말에서 시작된다.

---

34) 프리초프 카프라 지음, 이성범·김용정 옮김, 『현대물리학과 동양사상』, 범양사, 1998, 227쪽 참조.

식물은 광합성을 통하여 녹말의 구성 성분인 탄소화합물에 에너지를 저장하는데, 이 에너지를 화학적 에너지라 부른다. 화학적 에너지의 일부는 식물을 위한 활동에 사용되고, 나머지는 먹이사슬을 따라 다른 동물에게 흡수된다. 동물은 이 에너지를 이용하여 생명을 유지하고 활동하며, 그 결과물인 이산화탄소를 공기 중에 배출한다. 이 과정을 자세히 보면 탄소는 에너지의 본질이 아니라 에너지를 운반하는 매개 물질일 뿐이다. 반면에 태양의 빛은 흡수된 후 다시 원래의 형태로 배출되지 않는다. 따라서 지구 전체의 생태계를 유지시키는 본질은 모든 먹이의 근원인 태양의 빛, 즉 태양이 지구로 보내는 에너지인 것이다.[35]

지구상 모든 생명체에게 생명과 에너지는 불가분의 관계이다. 인간 역시 특별한 기본요소가 별도로 있는 것이 아니라, 다른 생명체들과 마찬가지로 에너지를 통하여 신진대사를 하고 있는 생명체이다. 식물은 태양의 빛과 공기 중의 탄소를 흡수하여 녹말을 만드는데, 이 녹말이 바로 지구상 모든 생명체의 생명을 유지시켜 주는 가장 기본적인 영양분이다. 녹말의 구성성분인 탄소화합물에는 화학적 에너지가 저장되어 있으며, 이 에너지를 이용하여 모든 생명체는 생명을 유지할 수 있는 것이다.

그런데 탄소화합물의 주성분인 빛과 탄소 가운데 탄소는 동물들의 호흡을 통하여 이산화탄소로 자연에 再배출되는 데 반해, 빛은 배출되지 않고 그대로 생명체의 성장과 신진대사에 소모된다. 따라서 생명유지의 근원적 요소는 바로 태양에너지임을 알 수 있다. 이렇듯 식

---

35) 한국물리학회, 『속보이는 물리, 힘과 운동 뛰어넘기』, 동아사이언스, 2005, 190~192쪽 참조.

물의 광합성에서 시작되는 먹이사슬의 순환구조는 태양에너지가 모든 생명체의 생명 유지를 위한 본질적 요소임을 알려주었다.

여기에 또 하나의 중요한 사실은 모든 생명체가 탄생하고 성장하는 과정에서 차지하고 있는 에너지의 절대적인 비중이다. 생명체의 탄생 시점의 크기와 成體의 크기를 비교해 보면, 실로 엄청난 차이임을 알 수 있다. 인간의 경우, 정자와 난자가 수정된 당시에는 세포 정도의 작은 크기였지만, 母體를 거쳐 成人이 되었을 때는 그 크기가 60kg을 넘는다. 엄청난 차이가 아닐 수 없다. 이 엄청난 차이는 왜 생겨나는가? 이것은 모두 자연으로부터 흡수한 영양분에 의하여 생겨난 것이다.

인간을 포함한 모든 생명체는 수정에서 成體가 될 때까지 끊임없이 영양분을 흡수한다. 그 방법은 주로 음식물이나 호흡, 햇빛을 통해서이며, 그 영양분의 본질은 바로 태양에너지이다. 게다가 정자와 난자 또한 부모가 축적해 두었던 영양분에 근원하고 있다는 사실을 감안한다면 에너지의 가치는 절대적이다. 따라서 모든 생명체는 태양에너지에 의해 만들어진 영양분에 의해 구성된 존재인 것이니, 굳이 에너지-질량 등가원리를 언급하지 않더라도 만물이 에너지의 어떤 상태라는 것을 짐작하는 것은 어렵지 않다.

우주의 모든 물질은 기본적으로 원자핵과 전자가 쌍을 이루는 원자로 구성되어 있다. 생물과 무생물은 물론 심지어 태양이나 머나먼 우주 끝의 다른 별들도 그 구성 물질은 100여 종의 원소들로 구성되어 있다. 현재 우주를 구성하는 원소 중 대부분[약 98%]은 가장 단순한 구조의 원소인 수소와 헬륨이다. 이 원소들이 점차 핵융합반응을 일으켜 결합됨으로 해서 보다 복잡한 원소를 만들게 된다. 양

성자·중성자·전자의 수가 하나씩 증가하면서 원소의 화학적 특성
은 달라지지만, 그 구조는 원자핵과 전자가 결합된 동일한 원자구조
이며 숫자만 다를 뿐 동질의 양성자·중성자·전자로 이루어져 있
다. 여기에 에너지-질량 등가원리를 적용하여 모든 소립자가 동질
의 에너지라는 것을 감안하면, 우주만물은 궁극적으로 에너지의 동
질성이라는 거대한 틀 위에서 형성된 것임을 알 수 있다.

그런데 우주의 만물들은 각자 다양한 형태와 특성을 가지고 있으
니, 이러한 개개의 다양성은 어떻게 생겨나는 것인가? 그것은 원자[36]
구성상의 차이와 원소[37]들 간의 화학적 결합 차이에서 생겨난다.

> 원자가 얼마나 많은 양성자와 전자를 갖고 있느냐에 따라 그 원
> 소의 정체성이 결정된다. 수소는 양성자와 전자를 각각 하나씩 갖고
> 있다. 헬륨은 양성자와 전자를 각각 두 개씩 갖고 있다. 즉 양성자
> 와 전자를 하나씩 추가할 때마다 새로운 종류의 원소를 얻게 되는
> 데, 대략 100여 종의 서로 다른 원소들을 얻을 수 있는 것이다.[38]

예문에서 중성자를 논하지 않은 것은 중성자가 없는 수소를 제외
한 모든 원소의 원자핵에는 양성자와 똑같은 수의 중성자가 들어 있
다는 사실을 감안한 것이다. 그리고 원자에는 양성자와 동일한 수의

---

36) 原子: 하나의 핵과 주변의 전자들로 구성되어 있는 물질의 기본적 구성
단위.
37) 元素: 원자핵 속에 들어 있는 양성자와 중성자의 수, 그리고 원자핵 주
변의 전자의 수에 의해서 화학적 특성을 달리하는 원자를 일컫는 것으
로 모든 물질을 구성하는 기본적 요소.
38) 한스 그라스만 지음, 염영록 옮김, 『쿼크로 이루어진 세상』, 생각의 나
무, 2002, 145쪽 참조.

전자가 들어 있다. 모든 원소는 기본적으로 원자핵과 전자의 결합체인 원자구조를 하고 있다. 우주 초기, 에너지 입자의 상태로 흩어져 있던 양성자, 중성자, 전자 등의 소립자들은 기본적 상호작용에 의해 결합되기 시작하였다. 한 개의 양성자로 원자핵을 구성하여 한 개의 전자와 결합한 것은 수소가 되었고, 두 개의 양성자와 두 개의 중성자로 원자핵을 구성하여 두 개의 전자와 결합한 것은 헬륨이 되었는데, 이것이 다양한 원소 생성의 시작이다.

이렇게 생성된 수소가 핵융합반응을 일으키면서 다양한 원소들이 순차적으로 생겨나게 되었다. 양성자·중성자·전자의 수가 각각 세 개인 원소는 리튬, 여섯 개인 원소는 탄소, 여덟 개인 원소는 산소, 이렇게 해서 100여 종의 원소들이 우주에 생겨난 것이다. 이처럼 원소들은 저마다 별도의 생성원리가 있는 것이 아니라, 가장 가벼운 원소인 수소에서 시작하여 점차 양성자·중성자·전자의 수가 하나씩 증가하면서 화학적인 성질을 달리하는 다양한 원소들로 증가한 것이다. 현 우주의 원소 구성비를 살펴보면, 수소가 75%이고 헬륨이 23%이며 그 밖의 원소들이 2%이다.[39]

원자는 무수한 방법으로 결합해서 무수한 물질을 만들어 낸다. 그러나 여기에서 예외 없이 적용되는 법칙이 한 가지 있다. 원자는 전자를 접착제 삼아 결합한다. 물질의 특성은 원자가 배열되고 결합되는 방법에 의해 결정된다. 두 개의 원자는 이들의 전자들이 배열을 바꿔서 서로 인력을 갖게 되면 화학적으로 결합하게 된다. 양전기와 음전기가 서로 당기는 힘이 모든 물질을 이루는 것이다.

---

39) 곽영직, 『물리학이 즐겁다』, 민음사, 1996, 181~187쪽 참조.

모든 화학 반응은 전자가 원자 사이를 이동하면서 나타내는 현상일 뿐이다. 우리 주변의 사물이 끝없이 다양하다는 사실을 이해하는 첫 번째 단계는 몇 개의 원자가 합쳐지는 방법을 들여다보는 것이다. 이것이 '화학 결합'이다. 이 세상의 거의 모든 물질은 단순 원소 결합, 이온 결합, 공유 결합, 금속 결합 등 네 가지의 결합 방식에 의해 지배된다. 즉 삼라만상을 이루는 모든 물질은 네 가지의 화학 결합을 사용해서 쌓아올려진 건축물과 같은 것이다.[40]

물질의 차이는 어떠한 원소들이 얼마나 많은 양으로 어떻게 결합되느냐에 달려 있다. 원자들이 전자를 매개로 하는 화학적인 결합을 통하여 복잡한 물질을 구성하게 되는데, 이들 화학 결합에는 크게 단순 원소 결합, 이온 결합, 공유 결합, 금속 결합 등 네 가지가 있다. 원소들이 단순히 전자를 매개로 서로 결합하여 수많은 화합물을 만들어 내는 것은 단순 원소 결합이고, 맨 바깥쪽 전자의 증감으로 인하여 반대의 전하를 띤 두 원자가 결합하는 것은 이온 결합이다. 전자들이 한 쌍의 원자에 의해 공동으로 소유되어 있는 것은 공유 결합이고, 전자들이 결정 구조 안을 자유로이 떠다니고 있는 것은 금속 결합이 되는 것이다.

이렇듯 원소의 화학적 결합에 의하여 배열이 달라지고 결합하는 수와 종류가 증가하면서 분자·고분자·화합물이 되고, 기체·액체·고체가 되어 결국에는 복잡한 물질세계를 형성하게 되는데, 이것이 바로 현 우주인 것이다. 결국 우주의 모든 물질은 동일한 원자 형태의 원소로 이루어져 있으며, 100여 종의 원소들의 결합에 의하여

---

40) 로버트 M. 헤이즌·제임스 트레필 지음, 이창희 옮김, 『과학의 열쇠』, 교양인, 2005, 124~126쪽 참조.

그 형태와 특성이 천차만별로 달라진 것이다.

따라서 우주의 만물은 대단히 다양하고 복잡한 모습을 하고 있지만, 그 차이를 만드는 근본원인은 지극히 단순하다. 원자핵과 전자로 이루어진 동일한 원자구조의 틀에서 '양성자·중성자·전자의 數的 차이'가 화학적 특성을 달리하는 100여 종의 원소를 생성한 것이고, 이 '원소들의 화학적 결합의 차이'가 크기와 형태, 특성을 달리하는 다양한 물질세계를 형성하게 된 것이다. 이것이 바로 동질의 에너지에서 다양한 물질세계가 가능한 이유이다.

원소의 순차적 생성원리를 우주 전반의 물질에 미루어 본다면, 이 원소들의 결합체인 만물들 또한 별도의 탄생원리가 있다고 할 수 없다. 시간의 흐름에 따라 결합이 중첩되어 차츰 복잡해지고 다양해지면서 순차적으로 생겨난 존재들임을 알 수 있다. 그렇다면 현재의 만물들은 微視的으로는 개체들마다 그 생성시기가 제각각이라 하겠지만, 巨視的으로는 모두가 태초로부터 똑같은 시간이 걸려서 현재에 존재하고 있는 동갑내기라고 보아야 한다.

현존하고 있는 모든 것은 태초로부터 이어온 생성과정의 흐름을 따라 한순간도 누락된 적이 없었으며, 또한 중간에 별도의 탄생원리에 의하여 새롭게 창조된 것도 없었다. 현존하는 모든 존재에는 우주의 나이가 고스란히 쌓여 있는 것이다. 이렇듯 자연의 섭리는 현재의 만물들을 태초에서 시작하여 동일한 시간 동안 동질의 일원적 실체인 에너지를 가지고 다양한 현재의 만물들을 만들어 내고 있는 것이다.

Ⅵ

萬物一體思想의 再照明

1. 理氣關係의 一體性

1) 理一分殊와 氣一分殊의 待對

理一分殊에 대해서는 이미 앞에서 논의하였다. 소이연인 理는 천지우주라는 거대한 하나의 틀을 주재하는 全一한 理인 동시에, 만물이라는 각각의 사물들을 주재하는 分殊의 理인 것이다. 그렇다고 해서 전일한 理가 일일이 만물의 수만큼 개개의 理로 나누어지는 것이 아니라, 하나인 理의 작용성이 만물 각각의 형태와 특성에 따라 다양하게 드러나는 것이다. 理는 형이상의 추상적 이치로서 전일함 속에서 형이하의 구체적 실체들을 전일하면서도 다양하게 드러나도록 주재하는 것이다.

理氣관계를 논함에 있어서 중요한 전제는 理와 氣가 개념상의 구분일 뿐이지 실질적으로는 나누어질 수 없다는 사실이다. 우주만물의 존재와 변화는 소이연인 理와 소연인 氣가 있으므로 해서 유행할 수 있으며,[1] 소이연인 理는 그 소연인 氣가 있어야만이 의지처가 있게 되어 작용성이 발현될 수 있다.[2] 이처럼 理와 氣는 개념상의 구분에 있어서도 어느 한쪽이 배제될 수 없는 待對관계인 것이다. 하지만 理一分殊에 대한 논의는 활발하게 이루어졌으면서도 그에 상응하는 氣一分殊에 대한 논의는 이루어지지 않았다. 그것은 형

---

1) 『朱子語類』卷1「理氣上」: 有理, 便有氣, 流行, 發育萬物[理가 있으면 곧 氣가 있으니, 유행하여 만물을 발육시킨다].

2) 『朱子語類』卷1「理氣上」: 無是氣, 則是理亦無掛搭處[이 氣가 없으면 이 理는 또한 편안히 거처할 곳이 없게 된다].

이상의 이치인 理의 가치규명에 편중됨으로 해서 상대적으로 형이하의 실체인 氣의 가치문제를 간과하였기 때문이다.

> 이 氣가 있으면 이 理가 있고 이 氣가 없으면 이 理가 없으며,
> 이 氣가 많으면 이 理가 많고 이 氣가 적으면 이 理가 적다.[3]

주회암은 이 문장에서 실질적인 理와 氣의 1 : 1 대응관계를 잘 설명하고 있다. 이 말은 理와 氣를 바꾸어 '理가 있으면 氣가 있고 理가 많으면 氣가 많다.'라고 해도 무방하다. 前者는 소연인 형이하의 실체를 통하여 소이연인 형이상의 이치를 파악해 가는 과정이고, 後者는 소이연인 추상적 이치를 통하여 소연인 구체적 실체를 파악해 가는 과정이다. 理의 작용성이 전일하게 드러나기 위해서는 그에 상응하는 의지처로서 전일한 氣[氣一之氣]가 있어야 하고, 理의 작용성이 다양하게 드러나기 위해서는 그에 상응하는 의지처로서 다양한 氣[分殊之氣]가 있어야 한다. 다만 理一分殊는 理가 하나이면서 나뉘어 달라지도록 하는 형이상의 작용성인 데 반하여, 氣一分殊는 혼연한 氣가 실제로 나뉘어 달라지는 형이하의 실체라는 형이상과 형이하의 개념상의 차이가 있는 것이다.

이처럼 소연인 氣와 소이연인 理는 실제 만물을 구성함에 있어서 어떠한 예외도 없이 불가분의 일체성을 유지하고 있다. 형이상의 가치를 부각시키기 위한 개념상의 구분이라 하더라도 1 : 1의 대응관계가 논의되어야만이 理氣관계의 혼란을 미연에 방지할 수 있다. 따

---

3) 『朱子大全』卷59「答趙致道」: 有是氣則有是理, 無是氣則無是理, 是氣多
   卽是理多, 是氣少卽是理少.

라서 理氣관계에서 不相離와 不相雜, 先後의 문제는 모두 理와 氣의 1:1 대응관계의 틀 안에서 논의되어야 하는 것이다. 이것은 理氣의 同異문제를 논함에 있어서도 마찬가지이다. 위에서 理와 氣로 나누어 논의했던 것을 종합해서 살펴보도록 하겠다.

> 만물의 一原을 논한다면, 理는 같고 氣는 다르다. 만물의 다른 體를 관찰한다면, 氣는 오히려 서로 가깝고 理는 절대로 같지 않다.4)

이 문장이 비록 개념상의 문제제기라 할지라도, 이렇게 된다면 理와 氣는 완전히 별개의 개념이 되어 버릴 것이다. 만물의 一原에서 理는 같고 氣는 다르다고 한다면, 이 理는 어떤 氣에 의지하여 '같음'을 드러낼 수 있으며, 이 氣는 어떤 理의 작용성에 의해 '다름'이 가능할 수 있는가? 마찬가지로 만물의 異體에서 氣는 오히려 서로 가깝고 理는 절대로 같지 않다고 한다면, 이 氣는 어떤 理의 작용성에 의해 '서로 가까워짐'이 가능할 수 있으며, 이 理는 어떤 氣에 의지하여 '다름'을 드러낼 수 있는가?

결국 理와 氣의 同異문제는 만물의 一原을 논하든 만물의 異體를 관찰하든 간에 理와 氣의 1:1 대응관계를 염두에 두어야 한다. 一原에 있어서 소이연인 理의 작용성이 전체적으로 같다면 그에 상응하는 소연인 氣는 마땅히 전체적으로 같아야 할 것이며, 異體들에 있어서 소이연인 理의 작용성이 모두 다르다면 그에 상응하는 이체들에 있어서 소연인 氣들은 모두 달라야 할 것이다. 그렇게 될 때,

---

4) 『朱子語類』卷4「性理一」: 論萬物之一原, 則理同而氣異. 觀萬物之異體, 則氣猶相近, 而理絶不同.

비로소 소연과 소이연이라는 理와 氣의 不可分한 관계구조가 성립될 수 있다.

따라서 理와 氣의 1:1 대응관계를 설명하기 위해서는 理一分殊에 상응하는 氣一分殊의 측면이 언급되어야 한다. 즉 理一에 상응하는 氣一이 있고, 理의 分殊에 상응하는 氣의 分殊가 있어야 하는 것이다. 理一의 理는 천지만물의 소이연으로서 전일하게 작용하는 理이고, 氣一의 氣는 그에 상응하는 천지만물의 소연으로서 전일한 氣이다. 分殊의 理는 만물 개개의 소이연으로서 각자 다르도록 작용하는 理이고 分殊의 氣는 그에 상응하는 만물 개개의 소연으로서 별개의 氣이다. 이렇듯 理一分殊와 氣一分殊의 대대관계에 대한 구체적인 파악이 있어야만이 理와 氣의 불가분한 소이연과 소연의 관계구조를 명확하게 설명할 수 있는 것이다.

2) 理氣一元論 提起

宋代 성리학을 집대성한 주회암은 이기론의 전개에 있어서 형이상의 理와 형이하의 氣라는 개념적 가치구분을 분명히 하였다. 그러나 이러한 이원적 理氣관계에 대한 논의는 많은 혼란을 불러일으킴으로 해서 이기론을 이해하는 데 적잖은 어려움을 초래하였다.

만약 理상에서 살핀다면, 비록 아직 物이 있지 않더라도 이미 物의 理는 있었다. 그러나 또한 다만 그 理가 있을 뿐이지, 일찍이 실로 이 物은 있지 않았다.[5]

---

5) 『朱子大全』卷46「答劉叔文」: 若在理上看, 則雖未有物, 而已有物之理. 然

理는 또한 별도의 一物이 아니라 氣 가운데 있는 것이다. 이 氣
　가 없으면 이 理는 또한 기댈 곳이 없다.[6]

　　만약 氣가 뭉쳐지지 않았을 때라면, 理 또한 붙어 있을 곳이 없
　을 것이다.[7]

　그는 理와 氣가 하나의 物에 있어서 별도의 존재[決是二物]로서
서로 떨어질 수도 없지만[不相離] 서로 섞일 수도 없는[不相雜] 관
계임을 확실히 하였다. 그런데 첫 번째 문장의 내용은 不相離의 의
미와는 크게 다르다. 物이 아직 존재하지 않는 상태에서 이미 物의
理가 있었다고 하였는데, 그렇다면 物의 氣는 어디에 있었으며 언제
생겨난다는 것인가? 이것은 理의 불변성을 강조하기 위하여 物의
생멸과 무관하게 理가 존재해야 함을 말하려는 것이라 할 수 있다.
그런데 그다음 두 문장에서는 理가 氣 없이는 기댈 곳도 붙어 있을
곳도 없다고 하였는데, 그렇다면 物이 생겨나기 이전에 理는 어디에
있다는 것인가? 아무리 개념상의 논의라 하더라도, 이 문장들은 다
분히 서로 의미가 상충하고 있음을 알 수 있다.

　　천지가 있기 전에 필경에는 다만 理일 뿐이었다. 이 理가 있으면
　곧 이 천지가 있게 된다.[8]

　亦但有其理而已, 未嘗實有是物也.

6) 『朱子語類』卷1「理氣上」: 理又非別爲一物, 卽存乎是氣之中. 無是氣, 則
　是理亦無掛搭處.

7) 『朱子語類』卷1「理氣上」: 若氣不結聚時, 理亦無所附著.

8) 『朱子語類』卷1「理氣上」: 未有天地之先, 畢竟也只是理. 有此理, 便有此

품부받은 것을 논한다면, 이 氣가 있고 난 뒤에 理가 따라서 갖추어진다.[9]

　　이러한 理氣의 선후문제에 대한 주장은 理와 氣의 생성에 차서가 있음을 암시하게 되어 결과적으로 서로 분리될 수 있는 가능성을 열어준다. 첫 번째 문장에서 천지라는 말은 곧 혼연한 一氣의 세계를 의미한다. 천지가 있기 전에 오직 理일 뿐이었다는 것은 氣의 존재 여부와는 상관없는 理의 獨存 가능성을 말하며, 더욱이 소이연인 理가 있었기 때문에 소연인 氣가 생겨나게 된다는 의미이다. 그렇다면 理는 氣가 없더라도 언제나 존재하고 있으면서 氣가 생겨나도록 작용하고 있는 것이니, 이 말은 사실상 理가 氣에 앞서서 단독으로 존재할 수 있음을 암시하는 것이 된다.

　　그런데 두 번째 문장은 理氣의 선후가 바뀌어 있다. 품부받은 상태를 논함에 있어서 氣가 있고 난 뒤에 理가 뒤따라 갖추어진다고 하였으니, 이 말은 物이 생성됨에 있어서 氣라는 질료가 갖추어지고 나서 理라는 이치가 의지처를 찾아 붙어 있게 된다는 것이다. 氣에서 理로 이어지는 시간적 차서를 은연중에 인식하게 되는 부분이 아닐 수 없다. 결국 理氣의 선후문제는 어떠한 것이든 간에 理와 氣의 생성에 있어서 순차가 존재할 것이라는 曲解의 가능성을 담고 있다. 따라서 불가분의 理氣관계를 논함에 있어서 혼란을 불러일으키기에 충분한 것이다.

天地.

9) 『朱子大全』卷59「答趙致道」: 若論稟賦, 則有是氣而後, 理隨以具.

理는 형이상자이고 氣는 형이하자이다. 형이상과 형이하로부터
말하자면 어찌 선후가 없겠는가? 理는 형체가 없고, 氣는 곧 거칠
어서 덩어리가 있다.10)

不離, 不雜, 先後 등의 理氣관계를 논하는 이유는 理와 氣의 본
질적 가치문제를 명확히 규명하기 위해서이다. 理는 형이상자로서
무형의 순수한 이치이고, 氣는 형이하자로서 유형의 잡박한 실체이
다. 주회암에게 있어서 理는 천지만물의 원초적인 존재근거이므로
순수의 절대가치이다. 이러한 理의 순수성을 고수하기 위해서는 잡
박한 氣와의 차별성을 부각시키지 않을 수 없다. 그렇기 때문에 구
체적인 物에 있어서도 현실적으로 서로 떨어질 수 없음을 언급하면
서도 개념적으로 서로 섞일 수 없음을 강조한 것이다. 그렇게 되면
서 자연스럽게 物이나 氣보다 우선하는 理의 존재성에 대한 언급이
가능할 수 있었다.

그러나 理와 氣의 선후를 논하는 것은 不相離, 不相雜의 문제와
는 차원이 다르다. 특히, 物이 아직 있지 않은 상태, 즉 氣가 아직
있지 않은 상태에서도 理가 항상 존재한다는 理先氣後의 문제는 뚜
렷한 시간적 차서가 있음을 의미하는 동시에 理 독존의 가능성을
안고 있다. 이것은 비록 개념상의 문제라 하더라도 理와 氣의 분리
를 유발하게 된다. 만물일체사상을 보다 심층적으로 연구하고자 했
던 이기론의 의도와는 상당한 차이가 있는 것이다.

---

10) 『朱子語類』卷1「理氣上」: 理形而上者, 氣形而下者. 自形而上下言, 豈無
　　先後. 理無形, 氣便粗, 有渣滓.

氣는 金·木·水·火가 되고, 理는 仁·義·禮·智가 된다.[11]

金·木·水·火는 오행 가운데 土가 생략된 것으로서 氣의 대표적인 특성이니, 육체를 구성하는 물질적 기본질료들을 의미한다. 仁·義·禮·智는 人性의 대표적인 네 가지 덕목이니, 정신을 형성하는 근원적 작용성을 의미한다. 청탁과 精粗가 있는 氣가 분화되고 취산하여 물질적인 육체가 구성되고, 순수한 理가 작용하여 非물질적인 정신활동이 가능해진다는 것이다. 所當然之則이라는 말은 정신의 가치근거를 형이상의 理에서 찾으려는 주회암의 강한 의지가 담겨 있는 말이다. 그리하여 一氣의 혼연한 형이하의 세계에 한데 섞여 있는 인간의 가치문제를 理에 근거한 仁義禮智의 본성에서 찾고자 한 것이다.

그러나 이러한 理氣의 선후문제나 본질적 가치문제는 점차 理 위주로 편중되면서 理尊氣卑의 가치관이 형성되기에 이르렀다. 理는 인간의 도덕의식[所當然之則]을 강조하기 위한 가치근거로서 절대화되었고, 이에 따라 理尊說, 理優位說이 정통 성리학으로 자리매김하기에 이른 것이다. 理와 氣의 관계가 소이연과 소연의 待對관계가 아닌 사역자와 피사역자의 尊卑관계로 변모하면서 서서히 정치적인 폐해를 낳게 되었다. 그리하여 하늘·정신·임금·남자 등은 理의 자리에, 땅·육체·신하·여자 등은 氣의 자리에 배속시키고서 임금 위주의 君尊臣卑, 남성 위주의 男尊女卑의 해악을 만들게 된 것이다.[12]

주회암이 氣일원론에 대한 曲解의 위험성을 근절하고 혼융한 氣

11) 『朱子語類』卷1「理氣上」: 氣則爲金木水火, 理則爲仁義禮智.
12) 유교사전편찬위원회, 『유교대사전』, 박영사, 1990, 1,185쪽 참조.

에 내재되어 있는 불변의 작용성[소이연]과 인간의 순수 도덕성[소당연]을 깨닫게 하기 위하여 非감각적이고 非물질적인 理의 가치를 부각시키고자 한 것은 지극히 타당한 문제의식의 발로였다. 그렇지만 이기이원론의 주장은 결과적으로 이러한 이분법의 폐해를 야기하게 되었다. 理와 氣는 개념상의 구분으로 실질적으로는 절대로 나누어질 수 없는 불가분의 관계임에도 불구하고, 인간의 의식 속에서의 구분은 현실에 그대로 반영되어 형이상과 형이하의 가치구분으로 극명하게 나누어지게 된 것이다.

理에 대한 가치자각은 현실인식에 있어서 대단히 중요한 철학적 문제이다. 그러나 氣의 동질적 가치자각 또한 그에 못지않은 중요한 문제이다. 理에서뿐만 아니라, 氣에 있어서 보편적 가치문제를 제삼 상기해 보아야 하는 이유가 여기에 있다. 理의 가치우위에 편중된 어설픈 개념규정의 틀에서 벗어나 온전한 하나의 모습으로 현실을 보아야 한다. 그리하여 형이상의 理와 형이하의 氣가 하나로 혼융하는 열린 삶의 길을 제시해 주어야 하는 것이다.

현실의 올바른 인간의 모습을 제대로 파악하기 위해 시작된 가치문제가 오히려 개념에 매몰되어 현실의 모습을 사분오열시켜서는 안 된다. 명확한 가치규명을 위하여 이치와 실체에 대한 개념정립을 시도한 것이었으므로, 이제 근원적 이치가 내재된 일원적 실체의 가치를 염두에 두고서 유기적 현실모습을 되살려야 한다. 본질의 가치가 현실세계에 그대로 투영되고 있는 것임을 깨달아야 하는 것이다.

따라서 理氣관계에 대한 논의는 어떠한 경우라도 理와 氣의 불가분성을 간과해서는 안 된다. 소이연과 소연의 일체 안에서 理氣관계를 규명해 나갈 때, 이치와 실체의 괴리문제는 점차 사라지게 되어 형이상과 형이하, 전체와 개체, 자연과 인간 등이 하나 된 모습으로 온전히 정립될 수 있다. 이것이 바로 만물일체사상의 진정한 의미인 것이다.

소이연 없는 소연은 존재할 수 없으며 소연 없는 소이연 또한 무의미하다. 소이연과 소연의 관계는 결국 氣라는 실체 속에 이미 理라는 이치가 전제되어 있는 관계이고, 천지만물은 理의 작용성에 의한 氣의 끊임없는 변화의 모습이다. 현실세계는 혼연한 一氣가 분화와 취산의 끊임없는 반복과정을 통해 만물을 형성하는 거대한 하나의 유기체인 것이다.

따라서 理와 氣의 관계는 소이연과 소연이라는 불가분의 관계이며, 理一分殊와 氣一分殊라는 1:1의 대응관계이다. 이러한 일체성이 담보되지 않은 채 형이상과 형이하가 한데 어우러지는 만물일체의 현실인식은 불가능하다. 氣라는 것은 이미 理가 내재되어 작용하고 있는 존재라는 사실을 알아야 한다. 理가 작용하지 않는 氣, 氣가 담보되지 않는 理라는 것은 편중된 의식이 만들어 놓은 허구에 불과한 것이다. 이기론은 단순히 理의 고원한 가치추구에만 얽매여 있어서는 안 된다. 理의 가치를 온전히 깨달음으로 해서 그에 상응하는 절실한 氣의 가치문제를 제대로 인식하여야 하는 것이다.

형이상의 이치와 형이하의 실체에 대한 편중현상을 극복함으로 해서 理와 氣가 혼융한 현실을 제대로 인식하는 것이 필요하다. 이렇게 理氣관계에 대한 명확한 개념정립과 더불어 현실적으로 하나 된 가치정립이 병행될 때, 이기론은 제대로 만물일체사상을 완성할 수 있다. 理와 氣는 공간적으로는 조금도 떨어질 수 없는 不相離의 관계이며, 시간적으로는 순간의 차서도 허용될 수 없는 無先後의 관계이다. 따라서 개념적 가치규정에 편중된 이기이원론의 틀에서 벗어나, 개념정립과 현실인식을 하나로 관통하는 理와 氣가 융화된 理氣一元論이 되어야 하는 것이다.

2. 理의 再考

1) 性理와 物理의 調和

성리학은 인간과 자연의 가치문제, 우주만물을 아우르는 근원적 이치문제 등에 대한 철학적 고찰을 통하여 儒學의 천인합일과 만물 일체사상을 체계적으로 정립하였다. 이기론은 태극을 우주만물의 근원이라 하는 태극론에서 시작하여 세상을 좀 더 심층적으로 분석하여 형이상의 理와 형이하의 氣에 의한 이원적 세계관을 완성하였다.

물리학은 물질을 구성하는 소립자에서부터 광활한 우주에 이르는 우주만물의 모든 것을 관찰대상으로 하여 물질의 본질, 근원적 법칙과 이론을 정립하였다. 에너지가 우주만물의 일원적 실체라는 것과, 에너지의 고유 운동성과 기본적 상호작용이 모든 변화를 주도하고 있다는 것을 객관적으로 실증함으로 해서 우주만물이 하나의 거대한 유기체라는 전일성과 통합성을 발견하였다.

성리학과 물리학은 성립배경, 사상적 연원, 학문방법 등에 있어서 대단히 相異한 학문이다. 그럼에도 불구하고 두 학문은 천지우주에 대한 유사한 결론을 도출해 내고 있다. 한쪽은 주관적 인식방법, 다른 한쪽은 객관적 실증방법을 통하여 우주만물이 거대한 한 덩어리의 유기적 존재라는 사실을 보여주고 있는 것이다. 따라서 개체라는 것은 각자 별도의 기원을 가진 존재가 아니라, 전체적 상관구조에 의하여 동질의 일원적 실체가 끊임없이 분화되고 취산함으로 해서 순차적으로 생겨난 존재들이라는 것이다.

그렇다면 性理와 物理는 어떠한 차이가 있는가? 性理라는 말은 '性卽理'의 줄임으로 '性이 곧 理이다.'라는 말이니, 각자에게 부여된 性[分殊之理]이 바로 천지우주의 理[理一之理]라는 것이다. 性이란 心과 生이 결합된 글자로서 '근원적인 생명력' 또는 '살려는 마음' 등의 의미이다. 따라서 이것은 개체에게 부여되어 있는 分殊의 理, 즉 개체 각자에게 부여된 소이연의 이치인 것이다.

> 하늘이 부여한 것을 命이라 이르고, 부여받은 것이 나에게 있는 것을 性이라 이르며, 사물에 드러난 것을 理라 이른다. 理와 性과 命, 이 세 가지는 일찍이 달랐던 적이 없다.[13]

이것은 『中庸』의 '天命之謂性'이라는 대전제를 근거로 한 것인데, 天理의 작용성이 인간을 포함한 모든 생명체에게 구체적으로 구현되어 있음을 의미한다. 하늘이 만물 각자에게 그 형태와 특성에 맞게 살아가도록 생명력을 부여하는 작용성은 命이고, 그 天命이 각자에게 부여된 것은 性이며, 우주의 모든 사물에 드러난 근원적 이치는 理이다. 하지만 이 세 가지는 서로 다른 것이 아니라, 하나인 자

---

13) 『性理大全』卷29: 天之付與之謂命, 稟之在我之謂性, 見於事物之謂理. 理也性也命也三者, 未嘗有異.

연의 섭리가 어떻게 작용하느냐에 따라 다르게 명명된 것이다. 개체의 차원에서는 性이라 하고 전체의 차원에서는 天命, 즉 理라 하였다.14) 따라서 '性卽理'라는 것은 인간 본연의 가치를 순수한 마음작용에 두고서 그 소이연으로서 인간의 본성이 곧 우주의 이치임을 강조한 것이다.

物理는 말 그대로 물질의 이치이다. '物卽理'의 줄임이 아니라 '物之理'의 줄임인 것이다. 이것은 모든 물질이 존재·변화하도록 작용하고 있는 물질의 원리를 의미한다. 여기서 물질의 범위는 대단히 광범위하다. 물질의 본연 상태인 에너지를 비롯하여 우주의 모든 존재가 포함될 뿐만 아니라, 물질들의 상호작용에 의한 모든 변화도 포함되어 있다. 그렇다면 이 物의 자리에 氣를 대치하여 '氣之理'라고 해도 무방할 것이다. 이것은 바로 형이하의 氣에 내재된 형이상의 理를 의미하는 것과 같으니, 소연[현상]인 氣에 작용하는 소이연[원인]인 理인 것이다.

理一分殊에서 살펴보았듯이, 理는 완전한 하나의 이치로서 자신은 언제나 전일성을 유지한 상태로 氣의 전일성과 다양성을 가능하도록 하는 존재이다. 理는 상황에 따라 달라지거나 상대에 따라 나누어지는 것이 아니다. 따라서 '性卽理'의 理나 '物之理'의 理는 모두 근원적 이치로서 전일한 理인 것이다. 개개의 物에 부여된 理를 性이라 한 것으로, 개개에게 부여된 性이 곧 근원적 이치인 理인 것이니, 물질의 理라는 것은 결국 성리학에서 말하는 理와 다를 것이 없다.

따라서 두 학문의 현격한 차이는 性과 物의 차이에서 생겨난 것

---

14) 李基東 譯解, 『大學·中庸講説』, 成均館大學校出版部, 1998, p.92 참조

이라 보아야 한다. 어떠한 것에 초점을 맞추느냐의 차이가 현실인식에 있어서 相異한 결과를 초래한 것이다. 성리학자들은 理氣의 혼연한 현실세계에서 인간의 가치문제를 형이하의 실체가 아닌 형이상의 이치에 연결시키고자 하였다. 인간의 도덕적 가치근거인 性을 하늘과의 연결고리로 삼아 능동적으로 天理를 실현하고자 한 것이다. 이러한 성향은 점차 형이상의 이치에 편중되어 가치우위를 둠으로 해서 상대적으로 형이하의 실체에 대한 가치를 경시하기에 이르렀다. 그러면서 점차 현실과 괴리된 공담 일변도로 흘러가기 시작하면서 결국에는 대중들에게 외면당하는 난해한 학문으로 전락하게 되었다.

반면에, 물리학자들은 물질과 정신의 엄격한 이중구조의 틀 속에서 형이하의 가치추구에 전념함으로 해서 물리학의 역할을 물질세계에 한정시키는 결과를 초래하였다. 그리하여 많은 법칙과 이론들은 자연스럽게 물질의 유용성문제에 집중되어 점차 이윤추구의 방편으로 전락하게 되었다. 물리학은 물질문명의 발달에 당당한 주역으로서 자리매김하였고, 산업기술의 발달과 그에 따른 대량생산이 이루어짐으로 해서 편리하고 풍요로운 세상을 만들었다. 그러나 이러한 편중된 발전은 인간의 정신적 가치, 형이상의 이치 등 非감각적인 본질의 문제를 소외시켜 버렸다.

물리학의 여러 성과물들은 다만 물질세계의 발달과 풍요에만 영향력을 발휘할 뿐, 정작 그 물질세계에 희석되어 버리는 인간의 본질, 정신적 가치문제 등에 대해서는 아무런 효용성도 발휘하지 못하였다. 이러한 물질 위주의 발전양상은 결과적으로 인간의 가치마저 물질세계의 소용돌이에 빠트려버리는 결과를 초래하였다. 급격한 산업화에 따른 인간성 상실, 환경오염, 온난화 그리고 최첨단 무기의 파괴력 증강 등 그 부작용은 실로 인류의 미래를 위협하는 심각한 상황으로 전개되고 있는 것이다.

인간의 삶이란 정신적 가치추구만으로 육체적인 삶을 유지할 수 없으며, 물질적 풍요만으로 정신적인 만족을 담보할 수 없다. 육체와 정신은 불가분한 인간의 이중적 양상이다. 그러므로 가치판단이 어느 한쪽으로 편중되어 버리게 되면, 인간의 온전한 모습은 완성될 수 없다. 이 兩者에 대한 조화가 절실한 이유이다. 인간에게 있어서 물질적 가치와 정신적 가치의 조화는 온전한 삶을 위한 필수요건인 동시에, 이러한 삶이 바로 인간에게 부여된 본연의 모습인 것이다.

그런데 이러한 조화의 주체는 가치중립적인 육체의 문제가 아니라 판단 주체인 정신의 문제로 귀결된다. 따라서 인간 본연의 관건은 가치판단의 주체인 정신[마음]에 달려 있는 것이다. 性에 주안점을 둘 것인가, 物에 주안점을 둘 것인가, 아니면 이들을 조화롭게 융화할 것인가 하는 선택에 달려 있다. 성리학과 물리학이 동일한 우주를 연구하여 유사한 결론을 이끌어 내고 있으면서도 결과적으로 엄청난 차이를 파생시킨 원인도 본래 相異한 학문이기 때문이 아니라, 그 학자들의 가치추구가 한쪽으로 편중되면서 발생한 것으로 보아야 한다. 이제 두 가치를 하나로 아우르는 조화의 길을 선택해야 하는 것이다.

우주의 만물들은 유기적으로 상호작용하면서 끊임없이 소통하고 있다. 엄격히 분리되어 있다고 여겨지는 유형의 물질은 사실상 상호 영향을 미치면서 끊임없이 소통하고 있다. 그런데 경계가 없다고 여겨지는 무형의 정신이 오히려 편협한 의식의 틀에 갇혀 완전히 단절된 세상을 만들고 있다. 인간의 우수한 두뇌가 의식의 발달로 이어지면서 인간은 자연과 점차 동떨어진 인위적인 분별의 의식세계를 견고히 하게 되었다. 가시적이고 감각적인 가치에 편중되어 물질적인 분별을 위주로 하거나, 추상적이고 초월적인 가치에 편중되어 현실과 괴리된 이상에 얽매이게 된 것이다.

그리하여 인간은 형이상과 형이하, 정신과 육체, 인간과 자연, 나와 남 등 수없이 많은 나눔으로 온 세상을 여지없이 단절시켜 놓은 것이다. 종교, 이념, 국가, 지역 간의 갈등이나 反目 역시 결국은 편협한 의식의 획일화가 만들어 놓은 거대한 의식의 장벽이다. 이러한 장벽을 허물기 위해서는 주관적인 자아성찰과 객관적인 지식습득의 조화를 통한 보편적 가치에 대한 통렬한 깨달음의 과정이 있어야 한다. 편협한 의식의 틀이 깨어질 때, 비로소 마음의 원활한 소통이 가능해질 수 있는 것이다.

성리학자들의 본의는 물질의 문제를 무시하려 한 것이 아니라, 물질에 집착하는 인간사회의 속성에 비추어 정신의 가치를 부각시키려 한 것이다. 정신이 온전히 제 역할을 수행하여야만이 물질이 제 구실을 하게 되어 전체적인 조화를 구현할 수 있음을 깨달았다. 그렇기 때문에 상대적으로 경시되는 정신의 가치를 강조하여 인간으로 하여금 세상을 제대로 인식하도록 하고자 했던 것이다.

물리학의 성과물들을 종합해 보면, 우주가 一元의 혼연한 관계구조의 틀임을 말해주고 있다. 어디서도 물질과 정신, 형이상과 형이하의 경계를 발견할 수 없으며, 주관과 객관의 분리마저 희미해지고 있는 실정이다. 이 세상은 본래 모든 존재가 거대한 관계구조 안에서 끊임없이 상호소통하고 있는 유기체로서, 형이상과 형이하의 구분은 물론 개체들 간의 구분도 용납되지 않는다.

형이상의 이치가 작용하는 형이하의 실체가 끊임없이 요동치고 있으며, 전체라는 관계구조 속에서 생겨난 개체들이 끊임없이 상호작용하고 있는 만물일체의 우주이다. 에너지의 보편성·전일성·통합성은 우주의 현실모습이 바로 진리로 가득 찬 것임을 객관적으로 실증하고 있는 것이다. 이처럼 진리에 대한 객관성의 확보는 바로 만물일체사상을 대중화하는 데 있어 대단히 중요한 문제이다.

따라서 性理의 정신적 가치추구와 物理의 물질적 가치추구가 인간의 마음작용에서 하나로 조화를 이룰 때, 인간은 온전한 모습으로 현실의 삶을 살아갈 수 있다. 유기적 우주의 본모습을 깨달음으로 해서 의식의 편중에 의해 단절되었던 모든 대립과 갈등의 구도는 하나로 융화될 수 있는 것이다.

2) 眞理의 意味

眞理는 인간의 오랜 관심사이다. 따라서 진리의 문제는 학문을 함에 있어서 중요한 대상이 아닐 수 없다. 그 대표적인 학문이 바로 철학과 과학이다. 물론 종교에서도 진리를 말하지만, 그것은 이미 神이라는 불변의 절대자를 상정해 놓고 그 믿음의 틀 안에서 진리를 논의하기 때문에 학문과는 접근 방법이 다르다고 할 수 있다.

그렇다면 진리란 무엇인가? 말 그대로 '참된 이치'이나. 우수만물의 변화를 주도하는 보편적인 불변의 이치를 의미한다. 세상을 하나로 아우르는 절대적 가치를 의미한다고 하겠다. 그렇지만 진리의 문제를 논함에 있어서 무엇보다 절실한 문제는 인간과의 관계성이다. 불완전하고 나약한 인간에게 있어서 삶을 뒷받침할 보편적 가치근거의 확보는 대단히 중요한 문제이기 때문이다. 따라서 인간은 천지우주의 보편적인 가치에 대한 연구를 통하여 든든한 의지처를 마련하고자 하는 열망을 갖고 있는 것이다.

천지우주는 끊임없이 변화한다. 변화의 시작과 끝은 알 수 없지만, 변화하고 있다는 것만은 확실히 인지하고 있다. 왜 변화하며 그 원동력은 무엇인가? 이것을 알기 위해 인류는 많은 정력을 소모하여 왔다. 그러나 이러한 본질의 문제는 쉬운 문제가 아니다. 우주는 끊임없이 유한한 존재들을 생성하고, 그 유한한 존재들은 소임과 역할을 다하고는 다시금 무한한 우주 속으로 소멸해 간다. 생성과 소멸은 우주의 일원적 실체가 모이고 흩어짐을 반복하면서 변화해 가는 과정이다. 이러한 우주만물의 모습은 인간에게 엄청난 메시지를 전해주고 있다. 가시적인 현상 속에 담겨진 본질의 존재성을 드러내고 있는 것이다. 그 본질이 바로 변화의 원동력일 것이다. 변화하는 실체를 통하여 그 원동력인 근원적 이치를 유추할 수 있으므로, 진리란 천지우주의 변화와 밀접한 관계를 가지고 있다.

주렴계는 태극론에서 현상과 본질에 대한 별도의 구분 없이 태극이라는 포괄적인 개념을 제시하였고, 장횡거는 근원적 이치를 일원적 실체인 氣에 융화시켜 설명하였으며, 정이천과 주회암은 근원적 이치와 일원적 실체를 분명하게 구분하여 理와 氣의 이원론을 주장하였다. 이기론은 바로 철학적인 통찰을 통하여 인간과 자연을 하나로 관통하는 진리를 깨닫게 됨으로 해서 얻어 낸 결과물인 것이다.

물리학은 모든 존재가 궁극적으로 에너지라는 사실과, 그 에너지의 고유 운동성과 기본적 상호작용에 의하여 우주만물의 변화가 일어나는 것임을 발견하였다. 우주의 일원적 실체에 대한 발견은 객관적 실증방법으로 일궈낸 물리학의 눈부신 성과인 것이다.

진리의 문제는 구체적인 변화의 모습을 객관적으로 파악하는 데서 시작된다. 변화가 진리라고 섣불리 말할 수는 없지만, 변화와 무관할 수는 없다. 따라서 변화에 대한 객관적 관찰이 선행되어야 함은 물론이거니와, 여기에 주관적 인식방법이 가미되어야 한다. 外的인 격물치지에만 머물러서는 안 되며 內的인 활연관통의 단계를 통하여야만이 진리를 제대로 파악할 수 있다. 성리학과 물리학은 각각의 학문방법 테두리 안에서 일원적 실체와 근원적 이치를 규명하기 위해 노력하였으니, 이제 그 결과물들을 바탕으로 진리에 대하여 좀 더 구체적으로 접근해야 한다.

자연현상은 곧 변화이다. 변화를 감지할 수 있는 것은 그 변화실체가 있기 때문이고, 변화실체가 변화할 수 있는 것은 그 변화의 원동력인 본질로서의 이치가 끊임없이 작용하고 있기 때문이다. 즉 변화라는 것은 변화하고 있는 실체를 통해서 알 수 있는 것이며, 변화실체의 끊임없는 변화의 모습을 통하여 그 이치를 유추할 수 있는 것이다.

천지우주는 끊임없이 변화하고 있으며, 끊임없는 변화가 바로 천지우주이다. 그 무엇도 변화를 거부하거나 변화의 틀에서 벗어날 수 없다. 그 이유는 변화실체가 어떠한 행위를 시작함으로 해서 변화가 일어나는 것이 아니라, 존재한다는 것 자체가 이미 변화를 전제하고 있는 것이기 때문이다. 우주만물은 전체의 관계구조 속에서 개체로서 존재하고 변화하는 유기적 틀을 이루고 있는 것이다.

이기론은 일원적 실체를 氣, 근원적 이치를 理라고 하여 현상과 본질의 문제에 대하여 명확한 개념을 제시하였다. 그렇지만 물리학은 객관적 실증방법으로 많은 법칙과 이론을 제시함으로 해서 일원적 실체인 에너지를 파악하는 데에는 이르렀으나, 형이상의 이치에 대해서는 구체적으로 언급하지 않았다. 그렇다 하더라도 물리학의 성과물을 종합해 봄으로 해서, 우주만물이 전일한 원리에 의하여 존재·변화하고 있음을 유추하는 데는 부족함이 없다.

두 학문에 의하면, 개체들이 비록 각각의 유한한 삶을 영유하고 있지만, 그 생멸은 끊임없는 변화의 순환구조를 이루고 있다. 그리고 일원적 실체인 氣와 에너지는 영원히 일정한 量을 유지한 채로 천지우주에 가득 차 있음을 규명하였다. 우주가 끊임없이 변화한다는 것, 氣와 에너지라는 일원적 실체의 발견, 이 두 가지 사실은 근원적 이치의 불변적 작용성을 유추하기에 충분하다. 이 불변적 작용성이 바로 변화의 원동력, 진리인 것이다.

이제 진리의 문제를 좀 더 확장해 보고자 한다. 불변의 작용성에만 진리를 국한해 버린다면, 이 진리를 담고 있는 구체적인 현실모습은 무엇인가? 다만 진리를 싸고 있는 빈껍데기에 불과한 허무한 존재란 말인가? 변화는 언제·어디에서나 일어나고 있으며, 일원적 실체는 언제·어디에나 있다. 물론 이러한 것을 가능하게 하는 원동력은 근원적 이치의 작용성 때문이다. 그렇다면 이치와 변화는 별개의 것인가? 그렇지 않다. 변화는 바로 일원적 실체의 취산작용이다. 따라서 이치와 변화 또한 불가분의 관계인 것이다. 변화라는 말에는 이미 '변화실체에 내재한 이치의 작용에 의한 변화'라는 뜻이 담겨 있다. 그러므로 구체적인 현실모습은 변화와 이치가 하나로 혼융되어 있는 상태임을 알아야 한다. 理[원리]와 氣[에너지]가 불가분의 관계인 것처럼, 이치와 변화 또한 불가분의 일체인 것이다.

끊임없이 변화하고 있는 실체와 그 내재된 이치는 언제나 하나였으며, 따라서 현실모습은 그대로 진리가 가득 찬 모습인 것이다. 그렇기 때문에 인간은 세상에 대한 올바른 자각이 무엇보다 필요하다. 편협한 인위적 사고의 틀에서 벗어날 때, 무한한 본연의 본마음, 인간의 제 모습을 회복할 수 있는 것이다. 그럼으로 해서 우주는 진리의 모습 그대로 인간의 눈앞에 선명하게 드러날 수 있다. 불변의 이치에 의하여 펼쳐지는 일원적 실체의 끊임없는 변화가 바로 진리의 모습이며, 이것이 바로 우주만물이 한데 어울려 생멸하고 있는 만물일체의 모습이다. 그리하여 인간을 포함한 모든 존재는 그 모습 그대로 진리가 가득 찬 우주 속에서 진리의 모습으로 살아가게 되는 것이다.

3. 現實世界의 一體性

1) 氣의 普遍性

理氣論은 근원적 이치를 理, 일원적 실체를 氣라 하여 우주만물의 본질에 대하여 구체적으로 언급하고 있다. 이상에서 살펴본 바와 같이, 理는 천지우주의 모든 존재와 변화에 있어서 끊임없이 작용하고 있는 보편자이며 불변자이다. 이 理는 지극히 단순한 법칙성과 상관성으로 현실세계의 다양한 존재와 변화의 모습을 주재하고 있다. 단순함이란, 만물은 모두 동질의 일원적 실체인 氣에 의해 형성되어 있다는 것과, 氣의 취산작용에 의해 모든 존재와 변화가 가능하다는 것이다. 이러한 단순함에서 우주만물의 다양함이 가능한 이유는 일원적 실체의 지속적이고 동시다발적인 분화와 취산의 작용이 '氣 ⇄ 만물'의 순환과정을 끊임없이 중첩·반복하고 있기 때문이다.

理는 우주만물을 주재하는 불변의 이치이다. 그렇지만 인간은 추상적인 형이상의 이치를 육안으로 직접 파악할 수 없으므로, 구체적인 형이하의 실체를 통하여 간접적으로 인식하여야 한다. 따라서 이기론에서는 구체적으로 드러나는 氣를 통하여 그 속에 내재되어 있는 추상적인 理를 주관적으로 自覺한 것이다. 그렇다면 理의 작용성을 그대로 드러내고 있는 氣는 어떠한 가치를 가지는가?

이미 氣는 '氣 ⇄ 만물'의 순환구조를 통하여 만물의 일원적 실체임이 밝혀졌고, 氣의 '음양'이라는 취산작용은 변화의 실체임이 드러났다. 그렇다면 氣가 비록 끊임없이 취산하면서 변화하는 존재라고는 하지만, 태초의 一元的 혼연 상태에서 시작하여 현재에 이르기까지 총량을 유지한 채 끊임없이 취산하면서 우주 전반에 걸쳐 언제나 존재하고 있다는 것은 보편성을 인정하기에 충분한 것이다.

理는 우주만물의 변화가 끊임없이 일어나도록 하는 일관된 형이상의 작용성이므로 변화 속의 불변성을 담보한다. 그리고 氣는 그 작용성에 의해 실제로 끊임없이 변화하고 있는 형이하의 실체로서, 질적으로는 끊임없이 변화하고 있지만 양적으로는 氣 아닌 것이 없는 불변적인 존재이다. 氣가 가지는 보편적 가치를 의미한다. 즉 氣는 언제 어디에나 존재하고 있는 보편적 실체라는 것이다.

이것은 결국 理의 보편적 작용성이 그대로 氣의 보편적인 실체의 모습으로 드러나고 있다는 反證이다. 소연과 소이연의 불가분성과 1 : 1

의 대응관계를 고려해 볼 때, 일원적 실체에는 근원적 이치의 보편성이 그대로 드러나고 있는 것이다. 따라서 氣의 보편성에 대한 가치자각은 理에 대한 온전한 유추를 가능하게 하는 것일 뿐만 아니라, 구체적으로 인식 가능한 현실에 대한 개념 자체를 새롭게 바꾸어 놓을 수 있는 것이다. 즉 형이하의 현실세계가 바로 보편적 가치의 장이라는 사실이다.

'氣⇄만물'의 순환구조는 바로 氣一分殊의 틀을 보여준다. 分化된 개개의 물질들은 分殊의 氣로서 끊임없이 생멸하는 다양한 개체들이며, 하나의 유기적 천지우주는 氣一의 氣로서 끊임없이 취산하는 혼용한 전체이다. 理와 氣는 1 : 1의 대응관계이고 소이연과 소연의 불가분관계이므로, 형이상의 이치와 형이하의 실체는 실질적으로 혼연한 일체가 되어 있는 것이다. 게다가 우주는 본래 혼연한 관계구조를 이루는 거대한 유기체로서, 형이상의 이치뿐만 아니라 형이하의 실체에 있어서도 서로 분리될 수 없는 명실상부한 만물일체의 세상인 것이다.

따라서 고원한 관념으로만 여겨졌던 만물일체사상은 철학적 주관성, 형이상의 이치에만 한정되는 것이 아니라, 과학적 객관성, 형이하의 실체에 있어서도 함께 논의되어야 한다. 理와 氣의 불가분성에 의한 우주만물의 전일하고 유기적인 일체성을 말해야 하는 것이다. 자연의 섭리에 따른 실체들의 끊임없는 변화, 이 유기적인 만물일체의 우주에서 氣는 분명 보편적인 존재임에 틀림없다.

그러나 인간은 이러한 세상을 온전히 받아들이지 못한다. 편협한 의식구조의 틀은 개체로서의 육체, 형이하의 실체라는 틀 안에 자아를 가두어버려 전체로서의 유기적 관계구조, 형이상의 이치를 제대로 파악하지 못한다. 그리하여 구분된 말단의 세상만을 긍정할 뿐,

혼융한 근원의 세상을 제대로 깨닫지 못하는 것이다. 인간은 조화로운 자연의 섭리를 망각한 채 고립의 갈등구조를 만들어 가고 있으니, 이것은 분명 유기적 관계구조인 자연의 섭리를 거스르는 것이다.

우주는 혼연한 一氣에서 시작된 세계로서, 이 氣는 끊임없이 변화하고 있는 보편적 실체이다. 결국 우주의 만물들은 본질적으로 동질의 틀에서 생멸을 이어가고 있는 존재들이다. 다만 각자 상대적인 차이가 있는 것일 뿐이니, 지구만, 인간만, 나만 소중한 것이 아니라 모두가 그 나름대로 소중한 존재들인 것이다. 더 이상 추상적인 형이상의 이치에 몰두하여 구체적인 형이하의 실체를 저평가해서도, 감각적인 형이하의 실체에만 얽매여서 非감각적인 형이상의 가치를 망각해서도 안 된다. 형이상과 형이하, 전체와 개체가 한데 어우러진 혼융한 유기적 관계구조의 틀임을 상기해야 하는 것이다.

결국, 보편성의 문제는 형이상의 이치에만 한정되거나 고원한 이상세계의 문제만이 아니라, 형이하의 실체와 비근한 현실세계의 문제이다. 우리가 숨 쉬는 이 변화무쌍한 현실이 바로 보편적 가치로 가득 찬 세상, 즉 진리의 세상인 것이다. 각 개체의 모습은 국한되고 유한한 존재로 보이지만, 이것은 끊임없는 변화의 한 과정일 뿐이다. 모든 개체는 자연의 섭리에 따라 氣의 취산에 의해 끊임없이 새로운 모습으로 변모해 가고 있는 것이다. 생멸은 결국 변화의 한 양상에 불과하다. 氣의 세계에서 보편성을 인식한다는 것은 현실의 모습에 새로운 가치를 부여하는 것이며, 실로 불멸의 유기체로서 우주의 진정한 면모를 확인하는 중요한 단서인 것이다.

2) 人間 價値의 再考

(1)

인간에게 있어서 '인간의 가치'를 논한다는 것은 대단히 절실한 문제이다. 세상을 관찰하고, 생각하고, 학문하는 주체가 바로 인간이므로 인간의 문제는 특별할 수밖에 없다. 따라서 인간의 시각으로 세상을 바라보는 것은 너무도 당연한 일이다. 그러나 이러한 주체적 시각이 자칫 인간만을 우월시하여 다른 것들 위에 군림하려는 결과를 초래해서는 안 된다. 인간이 인간에게 소중한 존재인 만큼 다른 존재들도 각자에게는 소중한 존재들임을 깨달아야 한다. 인간이 특별한 존재라는 생각은 자기 본위의 지나친 獨斷인 것이다. 이것은 자연의 섭리를 온전히 깨닫지 못한 엄청난 착각인 동시에 인간의 미래를 위협하는 위험한 발상이다. 인간도 결국은 우주자연의 거대한 틀 속에서 다른 존재들과 함께 생존하고 있는 만물 가운데 하나인 것이다.

그렇다면 인간은 물리학적으로 어떤 존재인가? 먼저 우주의 모습에서 인간을 파악해 보기로 하겠다. 우선 공간적으로 우주의 크기는 상상을 초월한다. 우리 은하계의 크기는 지름이 약 10만 光年15) 정도이고 가운데 볼록한 부분의 두께는 약 1,000광년 정도이다. 약 2,000억 개의 별들이 있는데 태양노 그 별늘 중 하나이다. 그런데 우주에는 우리 은하계와 같은 은하계가 셀 수 없이 많고, 또한 그 끝을 알 수 없다. 지금까지 인간이 측정한 우주의 크기는 대략 200억 광년 이

---

15) 光年: 빛이 일 년 동안 가는 거리로, 빛의 속도는 대략 초속 30만㎞이다.

상으로 추측하고 있다. 그리고 시간적으로 현 우주의 나이는 대략 150~200억 년으로 추측하고 있다. 태양의 나이는 50억 년 정도이고 인간이 살고 있는 지구의 나이는 대략 45억 년이라고 한다. 그렇지만 인간이 측정한 현 우주의 시간과 공간에 대한 값은 인간의 한계에 의한 결과인 것일 뿐, 우주의 실체를 제대로 파악하고 있는지조차 확신할 수 없는 실정이다.[16]

우주는 실로 무한한 시공간의 세계이다. 인간은 무한한 우주공간에 떠 있는 수많은 은하들 가운데 하나인 '우리 은하계'에서 2,000억 개에 달하는 별들 가운데 하나인 '태양', 그 주위를 돌고 있는 작은 행성인 '지구'라는 곳에 살고 있다. 한없이 넓은 우주에서 보면 지구는 티끌에 불과하다. 그런 지구의 껍데기에 붙어서 살고 있는 존재가 바로 인간이다. 인간이 지구상에 인류라는 이름으로 생겨난 것은 이제 300만 년 정도 되었으며, 인간의 평균수명은 100년을 채 넘지 못한다. 이것은 45억 년의 지구 나이에 비해서도 지극히 짧은 시간으로, 우주의 나이에 비하면 순간이라 할 수 있는 것이다. 이처럼 인간은 티끌에 불과한 공간을 차지하고서 순간에 가까운 시간을 살다가 사라지고 있는, 우주의 주인공이라 평하기에는 다소 어색한 존재이다.

게다가 물리학의 발전은 인간을 포함한 모든 물질을 동질의 에너지 상태로 일원화시켜 버렸다. 모든 물질은 동일한 원자구조의 원소들로 구성되어 있으며, 그 원소들은 궁극적으로 에너지의 덩어리 상태라는 것이다. 그리하여 인간 역시 다른 물질들과 마찬가지로 원소라는 기본적 요소들의 집합체로서, 다만 형상이나 구성 물질상의 차

---

16) 곽영직, 『물리학이 즐겁다』, 민음사, 1996, 188~193쪽 참조.

이가 있을 뿐이라는 것이 밝혀졌다. 동질의 에너지덩어리 상태가 대폭발을 일으켜 에너지를 쏟아내었고, 에너지 입자가 덩어리를 이루게 되면서 만물이 형성되었다. 우주자연의 거대하고 유구한 변화과정 속에서, 인간은 작은 행성인 지구에서 최근에 생겨난 조금은 복잡한 구조의 생명체인 것이다.

거시적으로는 우주라는 거대한 틀 속에서 인간이 얼마나 작은 존재인가를 알게 되었고, 미시적으로는 소립자라는 미세한 구조 속에서 인간 또한 다른 물질들과 차이가 없는 원소들의 집합체에 불과한 존재임을 인식하였다. 이러한 사실은 만물의 영장임을 자부하던 인간의 정체성을 송두리째 흔들어 놓았다.

그렇다면 인간의 정체성은 무엇인가? 어디에서 진정한 가치를 찾아야 하는가? 그에 대한 해답을 얻기 위해서는 정신적 가치의 측면에 초점을 맞추어야 한다. 인간은 단순한 물질적 존재가 아니기 때문에 육체가 아닌 정신의 측면에서 다른 존재들과는 구별된 인간의 가치를 찾아야 하는 것이다. 그런데 여기에도 難題가 있다. 과연 인간에게 있어 정신이란 무엇이며, 본질적으로 육체와 분리된 고원한 정신이 별도로 있는가 하는 문제이다.

동·서양을 막론하고 인간을 논할 때는 크게 정신과 육체, 또는 마음과 몸으로 구분한다. 육체는 골격이나 근육, 혈액 등 인간의 몸을 구성하는 물질적인 요소를, 정신은 물질인 육체에서 느껴지는 감각작용이나 감성, 이성 등 인간의 마음에 해당하는 非物質的인 요소를 의미한다.[17] 그렇지만 이러한 구분은 다만 개념상의 규정인 것

---

17) 李基東 譯解, 『孟子講說』, 成均館大學校出版部, 1998, 22쪽 참조.

이지, 실제로 떨어져 개별적으로 존재하는 그 무엇을 의미한다고 보아서는 안 된다.

　정신이 없는 육체는 그저 형체를 이루는 물질덩어리에 불과하고, 육체가 없는 정신은 붙어 있을 곳이 없으므로 존재 자체가 불가능하다. 육체가 결여된 영혼은 설령 있다 하더라도 인간이라 할 수 없고, 정신이 결여된 시체는 이미 인간으로서의 자격이 상실된 존재인 것이다. 이처럼 어느 한쪽이 결여된다는 것은 바로 그 '존재성'의 상실을 의미한다.

　그렇다면 육체와 정신, 동양적 관점에서 몸과 마음의 관계를 어떻게 규명해야 하는가? 이것은 모든 물질에 있어서, 기본요소들의 결합에 의하여 형태가 갖추어지면서 동시에 특성이 생겨나는 자연의 유기적인 통합성에서 찾아야 할 것이다. 기본요소라는 것은 결국 에너지 입자를 의미한다. 에너지 입자들이 결합함으로 해서 물질의 형태가 갖추어지고, 에너지 입자들의 상호작용에 의하여 통합적인 물질의 특성이 생겨난다. 중요한 것은 물질의 형태가 갖추어지는 것과 통합적인 물질의 특성이 생성되는 것은 조금의 간격도 허용되지 않는 同時性을 가진다는 것이다. 통합적인 특성이 생명체에는 생명력으로 나타나며, 그 非물질적인 생명력을 마음으로 볼 수 있다.

　　생명력의 존재를 주장하면서 흔히 저지르기 쉬운 잘못은, 하나의 복합적인 시스템은 그것을 구성하고 있는 낱낱의 성분에는 있지 않은 하나의 성질을 전체적으로 가지게 된다는 사실을 생각하지 않는 일이다. 낱낱의 알맹이들이 모여 하나의 시스템을 이룰 때, 그 알맹이 하나하나에서는 찾아볼 수 없는 독특한 성질을 그 전체 시스템이 갖게 된다는 것이다. 이 독특한 성질은 낱낱의 구성 성분의 차원에서 볼 때는 의미가 없는 것이다. …… 생명의 비밀은 개개의 원자들 속에서는 발견되지 않으며, 그것들의 결합 형태, 즉 분자구조 속에 암호화된 정보에 따라 그것들이 합쳐지는 방식 속에서만 발견될 수 있다. 이렇게 일단 하나의 집합체에서 돌연 솟아나는 성질의 존재를 인정할 수만 있으면, 생명력이 존재해야 할 필요성은 사라진다. 원자들에 생명이 생기게 하기 위하여 바깥의 어떤 힘이 '생명을 불어넣을' 필요가 없으며, 원자들이 단순히 적당한 방식으로 뭉쳐지기만 하면 되는 것이다.[18]

모든 물질은 100여 종의 원소들이 다양하게 결합하여 그 물질에 맞는 틀을 구성하게 되는데, 물질의 형태가 갖추어짐으로 해서 통합적인 물질로서의 특성이 생겨난다. 생명체 역시 동일한 원자구조의 원소들이 다양하게 결합함으로 해서 생겨난 것이다. 그런데 원소들이 모여 하나의 형체를 이룸에 있어 원소 개개에서는 발견되지 않는 통합적인 특성을 그 전체 형체에서 갖게 된다. 이렇듯 기본요소인 원소들의 다양한 결합에 의해 틀을 구성하고, 그 형태가 갖추어지면서 동시에 통합적으로 특성이 생겨나 하나의 완전한 존재로서 탄생하는 일체의 작용이 바로 거스를 수 없는 '자연의 섭리'인 것이다.

양성자는 쿼크 세 개가 결합하여 틀을 구성하게 되는데, 양성자의 형태가 갖추어짐으로 해서 통합적인 양성자로서의 특성이 생겨난다. 원자는 원자핵과 전자가 결합하여 틀을 구성하게 되는데, 원자의 형태가 갖추어짐으로 해서 통합적인 원자로서의 특성이 생겨난다. 별

---

18) 폴 데이비스 지음, 류시화 옮김, 『현대물리학이 발견한 창조주』, 정신세계사, 2005, 104~105쪽 참조.

도 마찬가지이다. 무수한 수소들이 결합하여 한데 뭉쳐 핵융합반응을 일으키면서 틀을 구성하게 되는데, 별의 형태가 갖추어짐으로 해서 통합적인 별로서의 특성이 생겨난다. 태양도 결국은 이러한 별들 가운데 하나이다. 이러한 관계는 낱글자인 '어', '머', '니'라는 세 글자가 순서에 맞게 배열되면, '어머니'라는 단어가 형성됨으로 해서 '나를 낳고 길러주신 분'이라는 통합적인 의미가 생겨나는 원리와 같다고 할 수 있다.

인간 역시 다른 존재들과 마찬가지로 거대한 자연의 섭리에 의해 그 존재성에 부합한 형태와 특성을 부여받아 삶을 영위하고 있는 생명체이다. 따라서 틀에 의해 갖추어진 구체적인 형태에서 생명력이 생겨남으로 해서 몸과 마음이 갖추어진 인간이 되는 것이다. 몸은 구체적인 형체를 구성하는 물질적인 요소를 의미하고, 마음은 그 몸을 구성하는 세포들의 복합적 상호작용에 의한 두뇌의 반응이라 정리하면, 몸과 마음에 대한 개념적 관계규명은 가능할 수 있다. 이것은 형체가 갖추어지면서 자연스럽게 생겨나는 통합적인 생명체로서의 有形[몸]과 無形[마음]의 특징인 것이다.

그러나 마음의 고결함을 주장하려는 입장에서는 쉽게 받아들여지지 않을 것이다. 몸은 물질적인 요소이고 마음은 非물질적인 요소이기 때문에 엄연히 분별되어야 함을 주장하려 할 것이다. 하지만 이러한 구분은 분명 개념상의 문제일 뿐, 실질적으로 둘이 될 수 없는 일체에 대한 두 가지 양상의 설명으로 보아야 한다. 오랜 세월 동안 많은 과학자들이 몸과 분리된 마음의 영역을 찾고자 노력하였으나, 결국 수포로 돌아가고 말았다. 최첨단 과학의 연구결과, 생명유지[정신활동 포함]의 관건은 분명 세포들의 에너지 작용에 달려 있음을 확인하기에 이르렀다.[19] 그리고 인간을 포함한 모든 생명체는 포도당을 합성하고 해체하는 기계장치이며,[20] 유전자가 자신을 영원히 자기복제하기 위하여 창조해 낸 기계에 불과하다[21]는 주장이 제기되기도 하였다.

(2)

인간에게 있어서 몸과 마음은 하나의 틀에서 일어나는 일련의 작용에 대한 개념적 세분화이다. 그런데 인간의 가치를 '마음'에서 찾아야 하는 중요한 이유가 있다. 몸은 그 부여된 물질적 한계를 안고서 피동적·기계적인 상호작용을 일으키고 있을 뿐이지만, 마음은 몸이라는 물질적 한계를 뛰어넘어 능동적·주체적으로 몸을 주재할 수 있기 때문이다. 그러므로 인간의 가치문제는 가치중립적인 몸의 차원에 머물러 있어서는 안 되며, 가치판단의 주체로서 가치를 창출하고 상황에 맞게 대응해 나가는 마음의 차원에서 논의해야 한다. 마음은 몸을 통해 드러나는 행위에 대한 가치판단의 대상인 동시에, 가치판단의 주체인 것이다.

따라서 인간의 가치문제는 마음의 문제로 귀결된다. 인간다움의 문제는 피동적인 육체의 차원을 넘어 능동적인 정신의 차원에서 그 가치를 찾아야 하는 이유이다. 몸은 생김의 차이가 있는 美醜와 好惡의 대상일 뿐, 是非와 善惡이라는 가치판난의 대상이 될 수는 없

---

19) 강건일, 『신과학 바로알기』, 가람기획, 1999, 58~62쪽 참조.
20) 권덕기 외, 『생명의 신비』, 아카데미서적, 2000, 13쪽 참조.
21) 리처드 도킨스 지음, 홍영남 옮김, 『이기적 유전자』, 을유문화사, 2005, 22~23쪽 참조.

다. 마음이 어떻게 작용하느냐에 따라 몸은 선악과 시비의 가치를 드러낼 수 있는 것이다. 그러므로 마음이 올바로 작용할 때 비로소 인간의 가치는 제대로 발현될 수 있다. 그러기 위해서는 세상에 대한, 진리에 대한 전정한 앎의 과정, 즉 깨달음의 과정이 필요한 것이다.

현실의 모습이 내포하고 있는 진정한 가치를 깨달아 참인간의 길을 모색해야 한다. 구체적으로 드러난 형이하의 세계, 분화된 개체에만 매달려 裏面에 담겨진 형이상의 가치, 혼연한 전체를 망각해서는 안 된다. 이것은 우주자연의 유기적 관계구조라는 영원한 생명의 끈을 인간 스스로 끊어버리는 멸망의 길이다. 우주는 상호연관을 맺고 있는 거대한 유기체이다. 어떠한 것도 독자적으로 존재할 수 없는 관계구조 속의 개체들인 것이다. 전체의 상관관계에 의하여 개체들 간의 조화로운 관계가 유지되고 있는 것이다.

인간은 자연이 보여주는 유기적 관계구조를 진정으로 깨달아 인간 본위의 사유구조에서 벗어나야 한다. 물리학은 우주가 인간만을 위한 세상이 아니라는 사실을 명확히 알려주었고, 성리학은 여기에 소당연의 법칙으로서 인간의 정신적 가치의 중요성을 부각시켰다. 인간 본연의 모습을 깨달아야 함을 암시하고 있는 것이다. 현재 우주의 만물들은 모두 동일한 시간을 거쳐 현존하고 있으며, 동질의 에너지 결합으로 생겨난 존재들이다. 각자에게 주어진 소임과 역할에 따라 다양한 형태와 특성으로 각자 주어진 길을 가고 있는 것이다. 인간에게도 그에 맞는 소임과 역할이 있다. 자연이 보여주는 거대한 가르침, 그것은 바로 개체이면서 동시에 전체라는 유기적 조화로움이다. 인간의 형태와 특성에 맞게 그 조화로움을 닮아 가야 하는 것이다.

천지우주 어디에도 본래부터 尊卑의 구별이 정해진 존재는 없다. 다만 각각의 형상과 능력에 따라 그 존재에 맞는 소임과 역할의 차이가 있을 뿐이다. 존비의 구별은 그 소임과 역할의 수행 여부에 달려 있다. 그것을 온전히 수행하고 있는 모든 존재는 똑같이 존귀한 것이다. 인간의 가치 또한 근거 없는 우월성에 있는 것이 아니라, 인간으로서의 소임과 역할을 온전히 깨달아서 그것을 제대로 수행할 때 다른 존재들과 함께 존귀해지는 것이다.

지구상 모든 생명체는 소위 핵산과 아미노산이라는 것으로 이루어져 있는데, 생명체를 이루는 데에는 네 종의 핵산과 스무 종의 아미노산이면 충분하다는 것이다. 고래, 인간, 소, 꽃, 아메바와 같은 것들은 서로 완전히 다른 생명체들임에도 불구하고, 한결같이 네 종의 핵산과 스무 종의 아미노산으로 이루어져 있다.[22] 이렇듯 인간은 숨을 쉬고 음식을 섭취하면서 삶을 영위하는 많은 생명체 가운데 하나이다. 생명체는 생명을 다하면 무생물로 돌아가고, 무생물은 생명체 속으로 흡수되고 에너지로 바뀌어 다시금 생명력을 유지시켜 주는 역할을 한다.

자연의 섭리는 조화와 질서 속에서 각자 존재성을 이어갈 수 있도록 만물을 생멸시키고 있으며, 인간은 이러한 자연의 섭리에 따라 끊임없이 인간의 존재성을 이어가고 있다. 모든 물질은 우주라는 거대한 유기체 속에서 상호작용하면서 끊임없이 변화하고 있나. 다만 우주·태양·동물·인간 등 하나의 상태가 유지되는 동안에는 자연의 섭리에 의해 주어진 자신의 역할을 충실히 실천하고 있는 것이

---

22) 한스 그라스만 지음, 염영록 옮김, 『퀴크로 이루어진 세상』, 생각의 나무, 2002, 140쪽 참조.

니, 이것이 바로 만물일체의 모습인 것이다.

인간에게 마음이라는 가치는 만물의 영장임을 과시하기 위한 특별한 인간만의 선물이 아니다. 온전한 마음작용을 통하여 인간의 역할을 충실히 이행하도록 하는 자연의 섭리인 것이다. 그러므로 인간에게 있어 마음이란 자연이라는 거대한 조화로움 속에서 인간은 물론 우주만물 모두가 소중한 존재라는 사실을 절실히 깨닫도록 하는 귀중한 도구인 것이다.

인간의 마음작용은 온몸으로 느끼고 온몸으로 반응하는 복합작용이다. 냉철한 가치판단의 두뇌활동도 중요하지만, 그에 못지않게 따뜻한 마음작용도 중요한 것이다. 인간은 단순히 두뇌의 명석함만으로 현재의 풍요로운 삶을 영위하고 있는 것이 아니다. 선한 本性에서 우러나오는 배려하고 사랑하는 따뜻한 마음이 바탕이 될 때, 두뇌의 명석함이 올바른 방향으로 작용할 수 있다. 상대에 대한, 후손에 대한 배려와 사랑, 그리고 위협적인 자연환경에 맞선 협력과 화합의 힘이 굳건하게 자리하고 있었기에 오늘날 인간사회의 축적된 문화가 가능할 수 있었던 것이다.[23] 이렇듯 인간이 남과의 조화를 이루는 본래적인 제 역할을 수행할 때, 참인간의 가치가 발현될 수 있으며 자연과 함께 하는 온전한 인간의 삶이 완성될 수 있는 것이다.

---

23) 리처드 리키·로저 레원 共著, 김광억 옮김, 『오리진』, 학원사, 1984. 『오리진』, 184~188쪽 참조.

VII

結 論

유학의 대표적인 사상은 온 세상 만물이 일체라는 만물일체사상이다. 이것은 인간을 포함한 모든 만물이 공존하고 있음을 단적으로 나타내는 말이다. 따라서 더불어 산다는 것은 인간의 고결한 행위가 아니라, 자연의 섭리에 따르는 인간 본연의 삶인 것이다. 그렇지만 이러한 사상은 동양철학이라는 학문의 특성상 주관적이고 개인적인 깨달음의 과정을 필요로 하는 것이므로, 일부 유학자들의 전유물이 되어 일반 대중들에게는 공허한 관념론으로 여겨지기 쉽다. 대중들을 진리의 길로 이끌기 위해서는 보다 객관적이고 구체적인 방법 제시가 필요한 것이다.

따라서 본 연구는 이기론에 대한 물리학적 탐구를 통하여 만물일체사상의 객관적 실증을 시도하였다. 물리학은 많은 법칙과 이론을 통하여 우주만물이 하나의 거대한 유기체라는 사실을 객관적으로 실증해 주었다. 이것은 유학자들의 철학적 자각이 단순한 자기만족의 공허한 주장이 아니라, 우주만물의 조화로운 삶에 대한 온전한 성찰이며 깨달음이었음을 확인해 주는 것이다. 주관과 객관이 한데 어우러진 명실상부한 만물일체사상, 유기적 우주관을 재정립할 수 있게 된 것이다.

성리학의 핵심이론인 이기론은 철학적 방법을 통하여 理와 氣라는 개념을 바탕으로 이원적 세계관을 제시하였다. 理는 우주만물의 변화를 주재하는 이치이고, 氣는 우주 전반에서 일어나고 있는 모든 존재와 변화의 실체라는 것이다. 물리학은 객관적 실증을 통하여 많은 법칙과 이론을 정립하였다. 물리학의 발달은 마침내 에너지라는 일원적 실체를 발견함으로 해서 우주만물이 거대한 하나의 에너지 상태라는 統合性과 全一性을 밝혀냈다.

주렴계는 인간과 자연의 문제, 천지우주의 본질 문제 등에 대한 심층적인 연구를 통하여 인간과 자연을 하나로 아우르는 공통의 이치를 깨닫고자 하였다. 이러한 근원적 이치의 自覺을 통하여 우주만물의 본체로서의 태극을 부각시킴으로 해서 이기론의 전개와 발전에 단초를 제공하였다. 그리고 모든 과학적 성과물이 총동원된 빅뱅설은 세 가지의 직간접적인 증거가 발견됨으로 해서 오늘날 우주의 기원을 논함에 있어서 표준적 우주론으로서 굳건하게 자리매김하게 되었다. 이러한 빅뱅설의 주장은 태극론과의 유사성을 보이는 것으로, 만물일체사상을 객관적으로 설명함에 있어 대단히 유용한 학설인 것이다.

태극론에 의하면, 무극, 태극, 음양, 오행, 만물은 一元의 본체에서 파생된 것이니, 만물의 생성과 변화라는 것은 결국 일원적 본연 상태의 분화과정에 불과하다. 따라서 천지우주는 동질의 氣에서 분화·생성된 하나의 거대한 유기체인 것이다. 빅뱅설에 의하면, 우주만물은 에너지라는 동질의 일원적 실체에서 분화된 것으로, 그 모든 생성과 변화는 에너지 입자들의 고유 운동성과 그들 간의 기본적 상호작용에 의해서 발생하고 있는 것이다.

장횡거는 우주만물의 실체가 氣라고 하는 氣一元的 세계관을 주장하였다. 이 세상 모든 것은 氣 아님이 없다. 만물은 氣가 모여 있는 응취 상태이고, 태허는 만물이 흩어져 버린 분산 상태이다. 물이 얼면 얼음이 되고 얼음이 녹으면 다시 물이 되는 '물과 얼음'의 관계처럼, 우주만물도 태허 상태의 氣가 모이면 만물이 되고 만물이 흩어지면 다시금 분산 상태의 氣가 되는 '氣와 만물'의 관계라 하였다.

물리학에서 중요한 개념은 에너지이다. 에너지-질량 등가원리는 질량이 에너지의 한 형태라는 것이다. 이 사실은 질량이 있는 우주의 만물이 본질적으로 에너지에 의해 형성된 존재임을 의미한다. 그리고 우주만물의 모든 변화는 에너지의 고유 운동성과 에너지 입자들 간의 기본적 상호작용에 의해서 생겨난다. 따라서 에너지가 引力에 의해 모이면 유형한 응취 상태인 물질이 되고, 물질이 운동성에 의해 점차 흩어지면 다시금 무형한 분산 상태인 에너지로 돌아가게 된다. 에너지에 의한 취산작용이 에너지와 물질의 순환구조를 유지하면서 우주자연의 끊임없는 변화를 일으키고 있는 것이다.

理는 우주만물이 우주만물이도록 하는 所以然이다. 구체적으로 드러난 '그러한 것'은 형이하의 氣 차원이고, 추상적으로 내재된 '그렇게 되도록 하는 것'은 형이상의 理 차원이라는 것이다. 따라서 氣는 직접적으로 감지할 수 있으나, 理는 심도 있는 의식작용이 발휘되지 않으면 인식이 불가능한 개념이다. 내면적·철학적 통찰에 의한 주관적 인식의 확장작용, 즉 깨달음의 과정을 통하여야만이 온전히 인식될 수 있는 것이다.

물리학은 실험과 관찰에 바탕을 둔 철저한 객관적 실증의 과학정신을 통하여 우주자연의 본질에 접근해 갔으므로, 객관적으로 실증이 가능한 형이하의 현상에 대한 가치문제에 관심이 집중되어 있다.

그러나 추상적이고 非감각적인 형이상의 본질문제를 파악함에 있어서 객관적 실증의 방법만을 고집한다는 것은 본질에 대한 접근을 불가능하게 하는 것이다. 이것을 극복하기 위해서는 물리학이 정립해 놓은 법칙과 이론을 종합적으로 고찰함으로 해서 본질의 문제에 접근해 가는 철학적 학문방법이 접목되어야 하는 것이다.

주회암에게 있어, 理는 형이상의 이치이고 氣는 형이하의 실체이니, 이들은 개념상 근본적으로 차원을 달리한다. 所以然인 理가 所然인 氣에 의해 드러남으로 해서 物이라는 구체적인 존재가 가능하다는 것이다. 理와 氣는 구체적인 物을 완성함에 있어서 소이연과 소연의 관계로서 엄격히 차원을 달리하는 별도의 개념으로 파악하고 있다. 그렇지만 이 理와 氣가 실제 별개의 존재로 떨어져 있다가 物이 생겨날 때 결합하여 쌍을 이루는 관계로 보아서는 안 된다. 이들은 실질적으로 절대 떨어질 수 없는 불가분의 관계인 것이다.

氣의 분화와 취산에 의하여 우주만물의 존재와 변화가 일어난다는 것은 이기론의 일관된 입장이다. 그러므로 혼연한 一氣의 동질성이 담보되어야만이 氣의 취산에 의해 발생하는 우주만물의 무한한 순환구조를 설명할 수 있다. 생멸하는 異體들에 있어서 상호호환되는 무한한 순환구조의 틀이 가능할 수 있는 것이다.

一氣의 동질성 속에서 다양한 존재와 변화가 가능할 수 있는 것은 끊임없는 분화와 취산의 동시다발적인 중첩 때문이다. 금·목·수·화·토의 오행과 음양의 취산작용이 요동치고 합쳐지면서 만물을 생성하는 기본질료가 된다. 이 음양오행의 질료들이 어떻게 조합을 이루느냐에 따라 만물을 구성하는 氣的인 형태와 특성이 달라진다. 그러므로 해서 다양한 형태와 특성의 개체들이 형성될 수 있는 것이다.

에너지-질량 등가원리의 발견은 우주만물의 동질성을 주장함에 있어서 가장 중요한 이론이다. 이것은 질량을 가진 모든 물질이 에너지의 어떤 상태에 불과하다는 것을 명시해 주었다. 물질은 기본적으로 원자로 구성되어 있고, 이 원자는 많은 소립자들의 집합체이며, 이 소립자들은 모두 에너지가 응취되어 있는 에너지의 응취 상태이다. 만물들 각각이 비록 다양한 형태와 특성을 가지고 있지만, 본질적으로는 에너지라는 동질적인 요소로 구성되어 있다.

이러한 동질성 속에서 우주만물들이 각자 다양한 형태와 특성을 가지는 것은 원자 구성상의 차이와 원소들 간의 화학적 결합 차이에 의해서이다. 원자핵과 전자로 이루어진 동일한 원자구조의 틀에서 양성자·중성자·전자의 數的 차이가 화학적 특성을 달리하는 100여 종의 원소를 생성한 것이고, 이 원소들의 화학적 결합의 차이가 크기와 형태, 특성을 달리하는 다양한 물질세계를 형성하게 된 것이다.

理氣관계를 논함에 있어서 중요한 전제는 理와 氣가 개념상의 구분일 뿐 실질적으로 나누어질 수 없다는 사실이다. 소연인 氣와 소이연인 理는 실제 만물을 구성함에 있어서 어떠한 예외도 없이 불가분의 일체성을 유지하고 있다. 理一分殊와 氣一分殊의 대대관계에 대한 구체적인 파악이 있어야만이 理와 氣의 불가분한 소이연과 소연의 관계구조를 설명할 수 있는 것이다.

주회암이 氣일원론에 대한 曲解의 위험성을 근절하고 혼용한 氣에 내재되어 있는 불변의 작용성과 인간의 도덕성을 깨닫게 하기 위하여 非감각적이고 非물질적인 理의 가치를 부각시키고자 한 것은 지극히 타당한 것이다. 그렇지만 이기이원론의 주장은 결과적으로 형이상과 형이하라는 개념적 이분법의 폐해를 낳았다. 이제 근원적 이치가 내재된 일원적 실체의 가치를 염두에 두고서 유기적 현실모습을 되살려 놓아야 한다. 개념적 가치규정에 편중된 이기이원론의 틀에서 벗어나, 개념정립과 현실인식을 하나로 관통하는 理와 氣가 융화된 理氣一元論이 되어야 한다. 이것이 바로 만물일체사상의 진정한 의미인 것이다.

　理는 우주만물의 변화가 끊임없이 일어나도록 하는 일관된 형이상의 작용성이므로 변화 속의 불변성을 담보한다. 그리고 氣는 그 작용성에 의해 실제로 끊임없이 변화하고 있는 형이하의 실체로서, 질적으로는 끊임없이 변화하고 있지만 양적으로는 언제나 보존되고 있는 존재이다. 이것이 바로 氣의 보편적 가치이다. 따라서 보편성의 문제는 형이상의 이치에만 한정되는 것이 아니라, 형이하의 실체의 문제인 것이다. 이것은 현실의 모습에 새로운 가치를 부여하는 것이며, 불멸의 유기체로서 우주의 진정한 면모를 확인하는 중요한 단서인 것이다.

　그러므로 인간은 이러한 우주자연의 모습을 온전히 깨달아야 한다. 그러기 위해서 필요한 것이 마음작용이다. 인간에게 있어 '마음'이란 자연이라는 거대한 조화로움 속에서 인간 자신은 물론 우주만물 모두가 소중한 존재라는 사실을 절실히 깨닫도록 하는 귀중한 도구이다. 즉 인간으로서의 역할을 충실히 이행할 수 있도록 하는 천부의 원초적인 생명력인 것이다. 그럼으로 해서 인간은 참가치가 발현될 수 있는 것이고, 자연과 함께 하는 온전한 인간의 삶을 완성할 수 있는 것이다.

參考文獻

1. 原典類 및 辭典類

『經書』(四書集註), 成均館大學校 大東文化研究院 影印本, 1990.

『周易』

『春秋左氏傳』

『說文解字』

『復性書』

『性理大全』

『二程集』

『伊川學案』

『朱子語類』

『朱子文集』

『大學或問』

『儒敎大事典』, 博英社, 1990.

『한국민족문화대백과사전』, 웅진출판, 1997.

『표준국어대사전』, 두산동아, 1999.

『漢韓大辭典』, 民衆書林, 1999.

2. 單行本類

1) 哲學 關聯

琴章泰, 『儒學思想의 理解』, 집문당, 1996.

김교빈 외, 『동양철학은 물질문명의 대안인가』, 웅진출판, 1999.

김동휘 譯, 『中國儒學史』, 신원문화사, 1997.

김영식 지음, 『주희의 자연철학』, 예문서원, 2005.

金忠烈, 『中國哲學의 源流』, 예문서원, 1994.

柳承國, 『東洋哲學 研究』, 槿域書齋, 1983.

柳正東, 『東洋哲學의 基礎的 研究』, 성균관대학교출판부, 1988.

박일순, 『하나이면서 둘 理氣 둘이면서 하나 理氣』, 다해, 2000.

변원종 · 최정묵, 『주자의 철학사상』, 문경출판사, 2002.

宋復, 『동양적 가치란 무엇인가』, 지식마당, 2004.

야마다 케이지 著, 김석근 譯, 『주자의 자연학』, 통나무, 1992.

양적 지음, 노승현 옮김, 『동서인간론의 충돌』, 백의, 1997.

유명종, 『주자의 인간과 사상』, 세종출판사, 2000.

이광률, 『주자철학연구』, 中文, 1995.

李奎浩, 『사람됨의 뜻』, 제일출판사, 1978.

이기동 지음, 정용선 옮김, 『東洋三國의 朱子學』, 성균관대학교출판부,
　　　　1995.

이기동, 『곰이 성공하는 나라』, 동인서원, 1999.

이기동, 『기독교와 동양사상』, 동인서원, 2004.

이기동, 『老子』, 동인서원, 2001.

이기동, 『莊子』, 동인서원, 2001.

李基東 譯解,『大學・中庸講說』, 성균관대학교출판부, 1991.

李基東 譯解,『孟子講說』, 성균관대학교출판부, 1998.

李基東 譯解,『論語講說』, 성균관대학교출판부, 1999.

이기상,『이 땅에서 우리말로 철학하기』, 살림출판사, 2003.

장 디디에 뱅상・뤼크 페리 지음, 이자경 옮김,『생물학적 인간, 철학적
　　　인간』, 푸른숲, 2004.

張立文 주편, 안유경 옮김,『리의 철학』, 예문서원, 2004.

張立文 주편, 김교빈 외 옮김,『기의 철학』, 예문서원, 2004.

장복동,『다산의 실학적 인간학』, 전남대학교출판부, 2002.

장재 지음, 장윤수 옮김,『정몽』, 책세상, 2002.

중국철학연구회,『논쟁으로보는 중국철학』, 예문서원, 1996.

陳來 지음, 안재호 옮김,『송명 성리학』, 예문서원, 1997.

陳來 지음, 이종란 외 옮김,『주희의 철학』, 예문서원, 2002.

최재천 엮음,『과학・종교・윤리의 대화』, 궁리, 2001.

2) 科學 關聯

강건일,『신과학 바로알기』, 가람기획, 1999.

고중숙,『내 머리로 이해하는 $E = mc^2$』, 푸른나무, 2001.

곽영직,『과학이야기』, 사민서각, 1997.

곽영식,『물리학이 즐겁나』, 민음사, 1996.

권덕기 외,『생명의 신비』, 아카데미서적, 2000.

닐 디그래스 타이슨・도널드 골드스미스 지음, 곽영직 옮김,『오리진』,
　　　지호, 2005.

도모나가 신이치로 지음, 장석봉・유승을 옮김,『물리학이란 무엇인가』,

사이언스북스, 2005.

레프 G. 블라소프 外 著, 이충호 譯,『생각 1g만 있어도 유쾌한 화학 이야기』, 도솔, 2002.

로버트 M. 헤이즌·제임스 트레필 지음, 이창희 옮김,『과학의 열쇠』, 교양인, 2005.

로저 펜로즈 外 지음, 김성원·최경희 옮김,『우주, 양자, 마음』, 사이언스북스, 2002.

리처드 도킨스 지음, 홍영남 옮김,『이기적 유전자』, 을유문화사, 2005.

리처드 리키·로저 레윈 共著, 김광억 옮김,『오리진』, 학원사, 1984.

리처드 파인만 著, 박병철 譯,『파인만의 또 다른 물리이야기』, 승산, 2003.

리처드 파인만 著, 박병철 譯,『파인만의 여섯 가지 물리이야기』, 승산, 2003.

리처드 파인만 著, 박병철 譯,『파인만의 물리학 강의』, 승산, 2004.

미하엘 드리슈너 著, 채창기 譯,『자연철학개론』, 전파과학사, 1992.

방건웅,『신과학이 세상을 바꾼다』, 정신세계사, 1997.

브라이언 그린 지음, 박병철 옮김,『우주의 구조』, 승산, 2005.

사이먼 싱 지음, 곽영직 옮김,『사이먼 싱의 빅뱅』, 영림카디널, 2006.

소광섭,『물리학과 대승기신론』, 서울대학교출판부, 1999.

스티븐 와인버그 지음, 신상진 옮김,『최초의 3분』, 양문, 2005.

이상하,『과학철학』, 철학과 현실사, 2004.

이시우,『별과 인간의 일생』, 신구문화사, 1999.

이케우치 사토루 지음, 김수진 옮김,『우리가 알아야 할 우주의 모든 것』, 아세아미디어, 2002.

장준성·이재형 공역,『현대물리학』, 喜重堂, 1991.

정운혁·노태익 공저,『에너지의 기초』, 동아대학교 출판부, 2006.

장회익, 『삶과 온생명』, 솔출판사, 1998.

전일동, 『우주의 비밀』, 淸文閣, 2004.

츠즈키 타쿠지 지음, 홍영의 옮김, 『고교생을 위한 양자역학』, 팬더북, 1997.

폴 데이비스 지음, 류시화 옮김, 『현대물리학이 발견한 창조주』, 정신세계사, 2005.

폴 파슨즈 지음, 이충호 옮김, 『빅뱅』, 다림, 2002.

프랭크 H. 헤프너 著, 윤소영 譯, 『판스워스 교수의 생물학 강의』, 도솔, 2004.

프리초프 카프라 著, 이성범・김용정 譯, 『현대 물리학과 동양사상』, 범양사, 1998.

피터 코올즈 지음, 송형석 옮김, 『우주론이란 무엇인가』, 東文選, 2003.

피터 하만 지음, 김동원・김재영 옮김, 『에너지, 힘, 물질』, 성우, 2000.

한국물리학회, 『속보이는 물리, 힘과 운동 뛰어넘기』, 동아사이언스, 2005.

한스 그라스만 지음, 염영록 옮김, 『쿼크로 이루어진 세상』, 생각의 나무, 2002.

한창희・박문석・김명옥 지음, 『우주와 물질 그리고 생명체』, 형설출판사, 2001.

화학교재연구회, 『과학적인 삶을 위한 화학이야기』, 자유아카데미, 2005.

Aage Petersen 지음, 오채환・김희봉 옮김, 『양자물리와 철학적 전통』, 청음사, 2000.

Arthur Beiser 지음, 장준성・이재형 옮김, 『현대물리학』, 한국학술정보(주), 2003.

JAY OREAR 著, 物理學敎材硏究會 譯, 『物理學』, 光林社, 1988.

J. P. 메키보이 지음, 이충호 옮김, 『양자론』, 김영사, 2001.

3. 論文類

金龍南, 「李翶의 復性論에 關한 研究」, 成均館大 博士學位論文, 1999.

김호성, 「주자의 경세론」, 『주자학의 사상적 위상』, BK21 유교문화권 교육연구단, 2000.

양승무, 「張橫渠 『正蒙』의 天道論 연구」, 『儒教思想研究』, 韓國儒教學會 第21輯, 2004.

유명종, 「주자학과 고봉학의 학술사상적 동이점」, 고봉학술원, 2004.

李基東, 「한국유학과 21세기」, 『東洋哲學研究』, 東洋哲學研究會 第21輯, 1999.

李基東, 「유교의 수도」, 『東洋哲學研究』, 東洋哲學研究會 第34輯, 2003.

李東熙, 「朱子學의 哲學的 特性과 그 展開樣相에 관한 研究」, 成均館大 博士學位論文, 1989.

李東熙, 「朱子理氣論의 形而上學的 含意와 그 展開樣相」, 『동아시아학의 摸索과 指向』, 성균관대학교 동아시아학술원, 2000.

이명수, 「中國 近代哲學의 自然과 人間의 문제」, 『東洋哲學研究』, 東洋哲學研究會 第34輯, 2003.

李相昊, 「現代新儒家의 內在超越論에 관한 고찰」, 『東洋哲學研究』, 東洋哲學研究會 第20輯, 1999.

정상봉, 「주희의 심성론」, 『주자학의 사상적 위상』, BK21 유교문화권 교육연구단, 2000.

張鉉根, 「사회철학으로서 현대 儒學의 行路」, 『東洋哲學研究』, 成大 東洋哲學研究會 第21輯, 1999.

崔瑛甲, 「先秦 儒家의 道德哲學에 關한 研究」, 成均館大 博士學位論文, 1997.

한형조, 「朱熹에서 丁若鏞에로의 철학적 사유의 전환」, 한국정신문화연구원 박사학위논문, 1992.

咸賢贊, 「張載 氣哲學의 天人合一的 人性論 研究」, 成均館大 博士學位論文, 1999.

咸賢贊, 「張載의 宇宙論 研究」, 『東洋哲學研究』, 東洋哲學研究會 第22輯, 2000.

· 저자 ·

심규하   ·약 력·
(沈揆夏)   1968년 서울 출생
성균관대학교 전자공학과 졸업
성균관대학교 대학원 유학과 석사과정 졸업(문학석사)
성균관대학교 대학원 유학과 박사과정 졸업(철학박사)
현, 성균관대, 한세대, 사단법인 동인문화원 강사
전 화 : 016-309-3920
이메일 : ghshim@dreamwiz.com

·주요논저·
「맹자의 성선론 연구」(석사논문)
「송대 이기론의 물리학적 탐구」(박사논문)
『재미있는 천자문 여행』(공저)

외 다수

宋代 理氣論의 물리학적 탐구

· 초판 인쇄	2008년 7월 25일
· 초판 발행	2008년 7월 25일
· 지 은 이	심규하
· 펴 낸 이	채종준
· 펴 낸 곳	한국학술정보㈜

경기도 파주시 교하읍 문발리 513-5
파주출판문화정보산업단지
전화 031) 908-3181(대표) · 팩스 031) 908-3189
홈페이지 http://www.kstudy.com
e-mail(출판사업부) publish@kstudy.com

· 등 록	제일사 115호(2000
· 가 격	23,000원

ISBN 978-89-534-9714-6 93150 (Paper Book)
978-89-534-9715-3 98150 (e-Book)